Buch

Ein Kinderlächeln entschädigt die Eltern für alle Strapazen? Pustekuchen!!! Julia Heilmann und Thomas Lindemann haben genug vom albernen Heile-Elternwelt-Mythos. Sie sind selbst Eltern zweier Söhne und wissen: Kinder sind laut und anstrengend, sie unterbinden soziale Kontakte, brauchen Daueraufmerksamkeit und zerstören die Karriere – vom Sexleben ganz zu schweigen. In »Kinderkacke« wird die humorvolle wie treffende Gegenthese zu all den angeblich pädagogisch wertvollen Elternbüchern vertreten: Man ist alleine in diesem Krieg und muss immer neu herausfinden, wie man die schwierigen Seiten des Familienlebens meistert. Den kräftezehrenden Alltag, das krachvolle Elternabteil der Deutschen Bahn, die nicht wegzudiskutierende Kinderfeindlichkeit in Deutschland, verrottete Spielplätze, verpasste Partys, nutzlose Hilfen vom Staat und höllische Sonntage. Kinderkriegen verändert Beziehungen von Grund auf, zerstört sie nicht selten, es ruiniert Pläne und Träume der Eltern und entzweit Freunde. Die gute Nachricht: Das meiste müsste nicht so sein. Wie es absolut ehrlich und mit Humor geht, zeigt dieses Buch.

Weitere Infos unter: www.kinderkacke-dasbuch.de

Inhalt

Einleitung *Julia und Thomas* 7

I Fluchtreflexe
Der Familienwahnsinn beginnt 11

Mama allein zu Haus *Julia* 13
Papa allein zu Haus *Thomas* 22
Problemzonen *Julia* 30
Erinnerung an Stalingrad *Thomas* 37
Wir werden zum Schwein *Julia* 46
Das alte und das neue Leben *Thomas* 53

II Der äußere Kampf
Deutschland ist kein Kinderland 59

Nacktkrabbeln im Babykurs *Julia* 61
Väter: Männer auf verlorenem Posten *Thomas* 66
Eine Bahnfahrt ist nicht lustig *Julia* 71
Das Haus-Problem oder der Teufelskreis
   der Bürgerlichkeit *Thomas* 80
Die Modeindustrie dressiert unsere Kleinen *Julia* 88
Von Kinderfeinden umgeben *Thomas* 98
Keine Karriere: Die Lüge von der Gleichberechtigung
   Julia 104
Ich will keine Brüste mehr sehen! *Thomas* 114

III Der innere Kampf

Angst essen Eltern auf 121

Wohin mit meiner Wut? *Julia* 123
Die Sexualverschwörung *Thomas* 130
Die Eltern-Paranoia *Julia* 137
Sonntag mit Schrecken *Julia und Thomas* 147
Der ewige Babybauch *Julia* 155
Rührung und Freiheit – Väter im Kinofilm *Thomas* 161
Gefühlskälte – Mütter in Film und Literatur *Julia* 166
Wer Vater wird, muss sich als Sohn neu entdecken
    Thomas 173
Eltern und Schwiegereltern *Thomas und Julia* 182

IV Trotzdem

Es gibt ein richtiges Leben im falschen 191

Päft! Papa wird Dadaist *Thomas* 193
Warum mein Sohn den Müllmann liebt *Julia* 196
Kinder, die mobile Party *Thomas* 201
Wie ich meine Familie zur Hölle schicke und dann
    doch vermisse *Julia* 206
Mein bester Freund und ich *Thomas* 213

Einleitung   *Julia und Thomas*

Wo ist meine Frau eigentlich?   Was soll's. Seit wir Kinder haben, sehen wir uns kaum mehr. Wahrscheinlich schläft sie, bestimmt sogar, es ist ja schon nach Sonnenuntergang. Tagsüber verüben wir Dienst am Kind. Dabei sehen wir uns zwar, viel sogar, aber das ersetzt keine Zeit miteinander. Morgens sind wir beide noch müde, Zombies, abends ist sie es wieder und schläft immer sofort ein. Da kann ich schmollen und betteln und flehen, es hilft nichts. Meist ernte ich nur ein aggressives Knurren. Ich selbst halte mich zwar wach und mache noch irgendwas, Musik etwa, bin dafür morgens Superzombie. Offenbar war's das mit der Beziehung. Verständnis für das Problem hat keiner. Die Großeltern sagen: »Ihr müsst euch an den Kleinen freuen«, und bringen gut abgehangene Sätze wie: »Die Zeit vergeht so schnell.« Und: »Die Frauen von heute halten einfach nichts mehr aus.« Die Freunde sagen: nix. Mein Bruder sagte einmal sogar: »Selbst schuld!«

Hat irgendjemand meinen Mann gesehen?   Wahrscheinlich hat er sich mal wieder heimlich in sein Zimmer verdrückt und spielt sein neues Videospiel. Oder er bastelt ein paar Rhythmen am Computer zusammen. Seelenruhig. Während ich hier dauerangeschaltet durch die Wohnung fege und versuche, unseren Großen zum Klogang zu bewegen und gleichzeitig den Kleinen im Auge zu behalten. Sonst öffnet der eine nämlich den Mülleimer und schmeißt der andere eine verschissene Windel nach der nächsten auf den Fußboden. Die übliche Chaosbewältigung. Du weißt nie, wo in der nächsten Sekunde wieder etwas umfällt oder sich auf den Teppich entleert. Überall bist du gleichzeitig, immer bereit, einzuspringen, nichts kannst du zu Ende machen. Mein Mann ruft mich, glaube ich. Ich höre es und habe es im gleichen Moment schon wieder vergessen.

Na klar, sie hat die Ohren mal wieder auf Durchzug geschaltet. Hört und sieht nur die Kinder. Also, natürlich sind die Kinder wunderbar. Mein Großer sieht, was die Haare betrifft, aus wie Einstein und ist selbstverständlich ungefähr so klug. Der Kleine lächelt immer und ist richtig hübsch. Aber sie sind eben auch demagogische Herrscher und Monster. Angeblich lässt sich das ja leicht steuern und verbessern, ich hab alles darüber gelesen, noch während meine Frau schwanger war und wir gemütlich allein auf dem Sofa saßen. Dazu gab's Weißwein, für sie genau einen Schluck und für mich genau den Rest der Flasche. Das Leben war zum letzten Mal ruhig. Ich las Elternratgeber. Damals wusste ich ja noch nicht, dass sie nichts mit dem wahren Leben zu tun haben. Wenn ich auch nur einen der Autoren von Klugscheißerbüchern wie *Unsere tyrannischen Kinder* oder *Jedes Baby kann durchschlafen* erwische, gibt's was auf die Zwölf.

Süß, wie der Große »Mami« sagt und sich selbst seinen Schlafanzug und die Hausschuhe anzieht. Jetzt aber ins Bett! Habe überhaupt keine Lust, wieder zwei Stunden lang den Bettvorleger zu spielen, bis er endlich eingeschlafen ist. Ehrlich gesagt, schreit mein Körper nach Schlaf, ich könnte hier liegen bleiben bis morgen früh. Aber so einfach ist das nicht. Da war noch etwas, das Beziehung heißt. Ich will mal wieder in Ruhe mit meinem Mann zusammensitzen. Etwas Schönes essen, reden, vielleicht gehen wir auch gleich in die Falle und … na ja, nein. Zu gefährlich, das Einschlafpotenzial ist zu hoch. Und wahrscheinlich wacht der

Kleine eh noch ein- bis zweimal auf und unterbricht unser Tête-à-Tête. Also gleich lassen. Manchmal denke ich, es wäre einfacher, mit den Kindern allein zu sein, dann müsste ich mir keine Gedanken über die Beziehung machen.

Wir haben uns vor ein paar Jahren beim Mittagessen kennengelernt. Wir unterhielten uns spontan und lange über die *Simpsons* und Romane aus Südamerika. Wir wurden ein Paar und suchten bald eine gemeinsame Wohnung. Dann kamen unsere Söhne Leo (heute fast vier) und Quinn (heute fast zwei), und es wurde nicht mehr langweilig. Elternsein ist ein Wunder mit einem Preis. Es krempelt alles um. Es konfrontiert einen mit Problemen, die meist nicht ausgesprochen werden.

Dabei wird so viel über das Thema geredet wie noch nie. Es ist die große Diskussion unserer Tage: der Nachwuchs. Alle reden von Kindern. Mancher ist so von seinem Gutsein geblendet, dass er vor keiner Geschmacklosigkeit zurückschreckt (siehe Jürgen Rüttgers und sein »Kinder statt Inder«). Deutschland ist das umgekehrte China geworden. Wer keine Kinder bekommt, macht sich verdächtig, gilt manchen fast schon als asozialer Widerling. Nach außen hin. In Wirklichkeit gilt das Gegenteil: Bekommst du Kinder, hilft dir mit dem Wahnsinn niemand. Man darf nicht mal zugeben, wie anstrengend alles ist.

Väter wie Mütter schreiben zurzeit dutzendweise Erfahrungsbücher und haben damit zwei Genres geschaffen, die es vorher nicht gab. Aber fast alles davon ist verlogen. Die Väterbücher sind rührselig und harmlos. Papi erfindet sich neu aus der sicheren Distanz des Bürojobs. Mütterbücher dagegen findet man immerhin in zwei Schattierungen – entweder sind sie reaktionär und antimodern oder von Wut auf die neue Rolle erfüllt. Der Filmjournalist Peter Zander schrieb kürzlich, dass es im Kino gerade einen neuen Muttertypus gebe: Zu der herzensguten Übermutter und dem bösen Biest geselle sich nun die überforderte Mutter. Natürlich gab es überforderte Mütter schon immer. Inzwischen sind sie erwähnenswert. Dahinter steht eine Massenbewegung halbverzweifelter Eltern. Wir müssen dringend mal über die Mütter- und Väterrollen nachdenken.

Väter feiern sich selbst als neue, lässige Familien-Softies, nehmen ihre zwei Pflichtmonate Elternzeit und verschwinden dann wieder ins Berufsleben. Manche Leute, sogar Frauen, wollen Mütter wieder als echte Muttertiere sehen.

In diesem Buch soll es um das richtige Leben gehen und nicht um den albernen Mythos, der um Vaterschaft und Mutterschaft herum aufgebaut wird. Kinder sind das Größte, und sie sind anstrengend. Beides ist wahr, und Letzteres ist das Problem. Kinderkriegen verändert Beziehungen gründlichst, zerstört sie oft, ruiniert Pläne und Träume der Eltern, stoppt Karrieren, entzweit Freunde. Das meiste davon müsste vielleicht nicht so sein. Aber die Lösungen, die aktuell angeboten werden, sind von Leuten und für Leute wie die ehemalige Familienministerin von der Leyen. Sie hat ein Gesetz gemacht für Eltern, die schon ein gutes Einkommen und eine gesicherte Kinderbetreuung haben. Das normale Leben mit Kindern ist Chaos, und es ist immer wieder hart.

Dieses Buch ist für Leute geschrieben, die nicht nur rosarot und hellblau sehen, die ihre Kinder lieben, aber auch ihre Beziehung, die Eltern werden, aber auch sie selbst bleiben wollen.

I Fluchtreflexe
Der Familienwahnsinn beginnt

Mama allein zu Haus *Julia*

Schüsse hallen durch die Luft. Krachend wird das Gewehr durchgeladen. Ich sehe, wie der Schütze wieder anlegt. Es knallt noch mal, brutal und trocken. Schreie gellen. Spitze Schreie. Mein Kind schreit. Der Rest passiert im Fernseher. Ich stelle den Ton leiser. Im Zweiten läuft Biathlon. Gerade hat der Sportler sich in den Schnee geworfen, gezielt und fünfmal ins Schwarze getroffen. Ich sitze auf dem Sofa und halte Quinn im Arm. Vor sechs Wochen ist er auf die Welt gekommen. Etwas zu früh. Und er leidet an Magen-Darm-Koliken. Ich habe es mit purem Kümmel versucht und mit Medikamenten. Es hilft nichts. Die Krämpfe halten an, und das Baby brüllt. Kein Mensch ohne Kinder kann sich das vorstellen. Wie das ist, wenn man den ganzen Tag und die ganze Nacht angeschrien wird. Draußen weht ein eisiger Februarwind, es nieselt. Keine Chance, hinauszugehen. Also sitze ich mit dem völlig fertigen Kerlchen vor der Glotze und gucke das ödeste Programm der Welt, etwas, das keine hohe Konzentration erfordert und nicht noch zusätzlich nervt. Die ständigen Wiederholungen der sportlichen Abläufe beruhigen mich, beruhigen das Baby.

Ich kenne das ganze Prozedere schon ein bisschen. Quinn ist mein zweites Kind, und ich weiß, die Devise heißt: Durchhalten, durchhalten, durchhalten. Es kann nur besser werden. Also, Ohrstöpsel rein, tief durchatmen, lächeln und weitermachen.

Das fällt mir zunächst vor allem deshalb schwer, weil mir das Baby die rechte Brustwarze wund gesaugt hat. Der Nippel leuchtet feuerrot, und ein kleiner Hautfetzen hat sich gelöst. Trotzdem muss mein Kind regelmäßig daran trinken. Als es die Warze sucht, gierig zuschnappt und saugt, bis sich das unvermeidliche Vakuum bildet, schreie ich vor Schmerzen. Die alarmierte Hebamme rückt mit Rotlichtlampe und Salbentiegel an. Nun sitze ich zweimal am Tag mit entblößter Riesenbrust und Sonnenbrille vor dem Strahler und fühle mich fast wie im Urlaub. Mein Mann lacht sich kaputt und schießt »entwürdigende Stillfotos«, wie er es nennt. Die werden dann im Computer lustig bearbeitet, und nur mit Mühe kann ich meinen Mann davon abhalten, sie an seine Freunde zu verschicken.

Ich sitz zu Haus, mein Mann geht aus

Mit der Zeit erholt sich meine Brust. Quinn wird immer größer, runder und – gottlob! – friedlicher. Die Rotlichtbilder hat mein Mann zwar nicht verschickt, dafür aber so ungeschickt versteckt, dass sein Freund sie zufällig mit einem Handgriff aus der Schreibtischschublade zieht. Dann machen sich die beiden auf zu einer Kneipentour. »Heute machen wir mal ruhig«, sagen sie noch, als sie zur Tür hinausgehen. Den Witz kenne ich. Das heißt, vor vier Uhr früh ist an Rückkehr nicht zu denken. Ich sitz zu Haus, und mein Mann geht aus. Er hat ja ab acht, wenn der Große im Bett ist, nichts mehr zu tun. Denn: Ich stille das Baby. Einen praktischeren und billigeren Babysitter als mich gibt's nicht.

Kürzlich erst noch hat mir mein Süßer in den Ohren gelegen mit immer derselben Leier. Er habe keine echten Freunde, und überhaupt, was brächten die ganzen Partys für einen Gewinn? Das Gehocke und Gestehe in irgendwelchen schlecht belüfteten Räumen, die faden Gespräche und coolen Posen. Alles Lüge! Höre ich ihn mit seinen Freunden telefonieren, erfahre ich, dass es eigentlich immer sehr lustig zugeht. Ganz gern erzählt er von den unglaublichen Gesprächen über Niklas Luhmann, den seltsam asexuellen Soziologen, den er so liebt, oder über stark in die Jahre gekommene Musikergrößen wie den immer wieder gerngehörten Captain Beefheart. Überhaupt, sagt er euphorisch, werde man gerade selbst ein Popstar, eine Website existiere schon. Ich stöhne auf. Mein Mann hat im Gegensatz zu mir durch die Elternschaft wohl einen Energieschub erhalten.

Desperate Housewife, mal wörtlich genommen

Der Alltag sieht traurig aus. Bei einem Spaziergang mit Kinderwagen (wenn das Baby liegt und geruckelt wird, ist endlich Ruhe) stehe ich vor der Apotheke und starre ins Schaufenster. Ein Werbeplakat preist einen »natürlichen Stimmungsaufheller« an, Johanniskraut. Ich denke: Hol dir das, lasse es aber doch, weil die Apothekerin schief gucken könnte, wenn sie mich mit dem Kinderwagen sieht. Mir fällt ein, wie ich an einem Sonntag, der gar nicht zu Ende gehen wollte, schon am Mittag aus dem Flaschenregal wahllos vier verschiedene Schnäpse in mich hineingeschüttet hatte, weil ich es nicht mehr aushielt. Die abgrundtiefe Müdigkeit, die Langeweile, die Verantwortung. Ich wollte eigentlich nie Drogen nehmen, weil ich die Kontrolle über mich nicht verlieren wollte. Aber an jenem Wintertag wünschte ich mir, irgendetwas hülfe mir, den Alltag mit dem Baby zu überleben.

Mein Mann hingegen hat in den Monaten nach der Geburt unseres zweiten Sohnes, in denen ich als dauerstillender, kontaktarmer und humorloser Zombie durch die Gegend gelaufen bin, einen neuen Freundeskreis aufgetan. Es ist ja auch alles nicht mehr so aufregend, man hat schon ein Kind und kennt das meiste. War da eigentlich noch was, oder vielmehr – wer?

Da ist zum Beispiel noch die Süße, also ich, die sich jetzt um das Baby kümmert, vor allem am Abend und in der Nacht. Wenn mein Süßer am Wochenende gegen halb vier Uhr früh nach durchzechter Nacht stöhnend in die Kiste fällt, bin ich gerade dabei, Quinn zum dritten Mal zu stillen, und am Morgen stehe ich in aller Herrgottsfrühe wieder auf, um mich von den Kleinen durch den Tag jagen zu lassen, während mein Mann sich von den Strapazen der Nacht erholt. Schön war's, als wir noch gemeinsam ausgingen und gemeinsam in die Falle fielen. Vorbei, keine Party. Auch vorbei der Alkohol, und nicht mal von der mexikanischen Kräuterschokolade mit der angeblich halluzinogenen Wirkung darf ich ein kleines Stückchen probieren, weil ich ja stille. Überhaupt bleibt mir als einzige Droge der halbentkoffeinierte Milchkaffee. Den kann ich mir aber nicht draußen bestellen, weil mir der Barkeeper dann ein mitleidiges Lächeln schenkt oder aber satte drei Euro berechnet, als Aufwandsentschädigung. Also zelebriere ich ihn zweimal am Tag in meinen vier Wänden, stoisch, unbeirrt, heldenhaft verteidigt gegen Sprüche wie: »Immer diese ganze Milchscheiße auf dem Herd!« Oder: »Quinn schläft nicht. Sicher wegen des ganzen Kaffees, den du ihm da reinpumpst!«

Wer bin ich, und wenn ja, warum nur Mutter?

Mal von vorn. Ich lebe in einer schönen, großen Stadt. Es gibt Wasser und zahlreiche Parks, Cafés, Galerien und Restaurants. Meine Freunde leben hier. Ich habe ein Fahrrad und lege damit weite Strecken zurück. In der Stadt habe ich Indogermanistik und Kunstgeschichte studiert. Ich war lange im Ausland, spreche fließend Spanisch. Ich begann, eine Doktorarbeit zu schreiben, arbeitete in einem kleinen Wissenschaftsverlag. Bald bekam ich einen Filialleiterjob in einer angesehenen Kunstbuchhandlung.

Ich bin dreißig, mittelgroß und sportlich, ich schaffe es immer mühelos, bei der Vorbeuge mit den Armen runter zu den Füßen zu gelangen. Ich hatte nie Pickel oder Gewichtsprobleme. Ich glaube, ich habe keinen Knall, jedenfalls bin ich einigermaßen lebensfähig, ich hefte meine Papiere und Unterlagen alle brav in zwei verschiedene Ordner ab. Viele Jungs hatten Interesse an mir, aber ich habe meistens nein gesagt. Meinen Mann habe ich in der Kantine kennengelernt und nach der Quarkspeise mit Dosenobst zum Kaffee eingeladen. Er schrieb mir eine halbe Stunde später eine verliebte Email. Zwei Wochen später waren wir ein Paar. Anderthalb Jahre später dachten wir uns, es wäre nett, Kinder zu haben. Es klappte sofort, und zwei Jahre später noch mal.

Mein etwas unmotiviertes, aber nicht erfolgloses Leben steht an einem Wendepunkt, wegen der Kinder. Früher wusste ich nicht genau, als was ich mich bezeichnen sollte. In Formularen schrieb ich unter »Beruf« Studentin, Galeristin und Buchhändlerin, Journalistin oder einmal Schrebergärtnerin. Mein Professor hatte die Gruppe Studenten und mich bei einem Glas Wein als intellektuelle Elite bezeichnet. Das hatte mich schwer beeindruckt.

Seit der Geburt meiner Kinder weiß ich, was ich in jedem Fall bin: Mutter. Der Krabbelkurs sagt es mir, die Werbung der Drogeriekette, die Vorabendserie, die Spielzeugindustrie und die Babynahrungskonzerne. Die Bäckerin um die Ecke und meine Eltern und Schwiegereltern. Leider auch gleichaltrige Mütter. Das Spiel mit den wunderbaren Möglichkeiten des Lebens hatte mir besser gefallen. Ich würde es gerne weiterspielen. Aber von meiner Umwelt gibt es so einen verdammten Fixierungswahn auf mein Muttersein. Als ob es nur die Alternative Mutter oder eben alles andere gäbe. Muttersein ist einzigartig und steht für sich, es verträgt sich nicht mit schlauen Gesprächen, einem Arbeitsalltag im Büro, einer Gehaltsdebatte, einer ordentlichen Sauferei am Vorabend. Es fragt einfach niemand mehr nach diesen Dingen, die mein Leben vorher bestimmt haben, als ob es dieses Leben selbstverständlich nicht mehr gibt. Die meisten Leute fragen mich ausschließlich nach meinen Kindern, und ihr verzücktes »Ah!« und

»Oh!« bilden ein monotones, nie abreißendes Hintergrundrauschen. Jemand sagt: »Mit dem Lesen ist es auch erst mal vorbei.« Das Gefühl der intellektuellen Herabsetzung schleicht sich ein, was mir ganz und gar nicht gefällt. Also bemühe ich mich. Während des sechsmonatigen Stillens lese ich Guido Knopps Hitler-Biografie durch und versuche mich wie früher über den neuesten Underground-Horrorfilm aus Fernost zu unterhalten, der in einem kleinen Programmkino läuft. Aber die Fassade bröckelt. Als ich zum hundertsten Mal stoisch gefragt werde, wie oft mein Baby in der Nacht denn »kommt«, knicke ich ein und philosophiere über blähfreies Gemüse und Biobaumwollhemdchen.

Milchmärchen

Vieles, was der landläufigen Meinung nach mit Muttersein zu tun hat, macht mich aggressiv. Der Aufdruck auf der Breipackung zum Beispiel. Da gibt es eine »Mama-Hotline« zum Thema Kinderernährung. Wenn es schon so dümmlich formuliert wird, warum nicht auch Papa-Hotline? Oder der Bericht zum Thema Stillen im Babymagazin: Da fragen besorgte Mütter, ob ihrem Baby die Mutter-Kind-Bindung fehle, wenn sie es nicht stillen, sondern mit der Flasche ernähren. Die Beraterin schlägt vor, in diesem Fall das Kind unbedingt viel auf dem nackten Bauch zu halten. Dadurch könne »das Nichtstillen relativ gut ausgeglichen werden«. Mama verliebe sich sozusagen beim Füttern in ihr Kind, das gern auch mal nur »Baby« (ohne bestimmten Artikel) genannt wird; dafür sorge das »Bindungshormon« Oxytozin. Oxytozin verursacht die Milchausschüttung bei der Frau. Aber bewirkt es damit auch gleich eine »Bindung«? Und was macht dann der arme Papa, der das alles ohne Stillen schaffen muss? Bleibt er aufgrund seiner Biologie ein kontaktarmer Trottel, der hilflos im Hintergrund steht und zusehen muss, wie Mutter und

Kind auf dem Stillkissen liegen und »Kuschelhormone« austauschen?

Ich lese eine Anzeige, in der es um ein neues Buch geht: *Mutterliebe – das stärkste Gefühl der Welt*. Und sitzen im sogenannten »Mutter-Kind-Abteil« im Zug nur Mütter mit ihren Kleinen drin, keine Väter, Omas oder Opas, Onkel oder Tanten? Warum spricht man nicht vom »Eltern-Kind-Abteil« oder »Kinderabteil«? Man kann das kleinlich nennen, aber es handelt sich hier um die konsequente Unsichtbarmachung anderer Bezugspersonen als der Mutter.

Ich kann mich nicht gegen das Gefühl wehren, dass das möglicherweise ein spezifisch deutsches Phänomen ist. Jedenfalls wundert sich meine Freundin Maja, eine Schwedin, warum hierzulande etwa die Kitafrage so heiß debattiert wird, und das mit Argumenten aus der Steinzeit. Da wird »Wickelvolontariat« gegen »Herdprämie« ausgespielt, und politische Grabenkämpfe werden auf dem Rücken junger Familien ausgetragen. »Das haben wir alles schon in den Siebzigern gehabt«, sagt Maja etwas fassungslos. »Heute geht jedes Kind mit eins in den Kindergarten.«

Neue Eltern braucht das Land

Mütter stehen unter dem Anspruch, eine gute Mutter, keine Rabenmutter, sein zu müssen. Männer haben diese Angst, als Vater zu versagen, offenbar nicht oder nicht in dem Maße. Frauen kommen fast um vor schlechtem Gewissen, wenn sie Mann und Kind mal allein lassen, um etwa ein Wochenende wegzufahren oder auch nur nach einer Party morgens im Bett liegen zu bleiben. Männer nehmen sich diese Freiheit selbstverständlich.

»In diesem verfluchten Patriarchat ist es schwer genug, Mutter zu werden. Die Mutterrolle und das verdammt schwere Gepäck, das dazugehört, sollte niemand allein tragen müssen«, schreibt

Maria Sveland in ihrem Buch *Bitterfotze* zu dem Thema. Als ich das Buch meiner Mutter zu lesen gebe, erreicht mich fünf Tage später ein Brief von ihr. Ich bin überrascht und gerührt, denn sie schreibt mir geradezu eine Schimpfrede auf die klassische Rollenverteilung zurück. Auf zwei engbeschriebenen Maschinenseiten blickt sie auf ihr Leben als Mutter, und selten habe ich mich ihr so verbunden gefühlt wie in dem Moment, als ich diese Zeilen lese: »Die Familie fraß mich zwischendurch mit Haut und Haaren auf und kotzte mich an.« Ich weiß, wie sehr sie uns liebt. Die Überforderung, Einsamkeit und schlechte Laune hat sie uns, soweit ich mich erinnern kann, nie gezeigt.

Es ist schon beschissen, dass Männer keine Kinder bekommen können. Vieles wäre leichter. Sie könnten dann wirklich verstehen, wie es ist, zehn Monate lang wie ein Plunder aus dem Leim zu gehen, im Bauch ein unbekanntes Wesen, das immer größer wird und sich von unseren Reserven ernährt. Dieses Wesen dann unter Höllenqualen auf die Welt zu bringen und danach mindestens sechs Monate mit einer nahrhaften Flüssigkeit zu stillen, die wir fortwährend selbst produzieren. Kein erholsamer Schlaf, viel Geschrei, kein Kaffee oder ähnliche Hilfsmittel, um das durchzustehen. Alles eigentlich unzumutbar.

Auf der Straße sehe ich eine Frau, die offensichtlich gerade erst entbunden hat. Jedenfalls liegt ein höchstens eine Woche altes Baby in ihrem Kinderwagen. Die große Schwester nörgelt und will von Mama auf ihr Fahrrad gehoben werden, was diese bereitwillig tut. Die Frau selbst trägt eine monströse Tasche auf dem Rücken. Weiß der Kuckuck, was sie darin alles transportiert: Kekse, Trinkflaschen, Wickelzeug. Ich denke: Was tust du hier alleine auf der Straße? Du hast gerade geboren. Du gehörst ins Bett. Aber wir dummen Mütter machen einfach weiter, kasteien uns, bis der Körper schlappmacht und wir die Kinder und den Partner nur noch anschreien wollen.

Die Fähigkeit oder das Los, zu gebären, können Frauen leider nicht abgeben. Aber wir können hinterher versuchen loszulassen, um uns ab und an um nichts und niemanden zu kümmern. Nur ein Vater, der mal ein paar Tage allein mit seinem Kind verbracht hat, versteht, warum es eine Katastrophe sein kann, wenn abends keine Milch für den nächsten Morgen im Kühlschrank ist. Warum es nicht spießig ist, sich deswegen Einkaufslisten zu schreiben. Und nur der Vater, der die Chance hat, seinem Kind die Flasche zu geben, weiß, dass es Folter ist, alle drei Stunden aus dem Schlaf gerissen zu werden. Und dass man dann keinen Partner an seiner Seite braucht, der auch noch bemuttert werden will oder ganz einfach nicht mitmacht.

Ich hole das Notizheft heraus, in das ich bisher immer die Stillzeiten eingetragen hatte, und vermerke: »Ab morgen unbedingt Kontrolle abgeben.« Fast so schlimm wie ignorante Väter sind Glucken- oder Supermütter.

Papa allein zu Haus   *Thomas*

Meinen dreißigsten Geburtstag habe ich hinter mir, okay. Ich bin bald danach Vater geworden. Zwei Jahre später noch einmal. Ich arbeite bei einer großen Zeitung und liebe meinen Beruf. Trotzdem will ich auch mit meinen Kindern zusammen sein, was sonst? Das ist keine Frage von Ideologie – nur ein Idiot würde das verpassen. Ich spiele Jazz auf dem Klavier, Ego-Shooter auf der Playstation, lese Science-Fiction und etwas Nietzsche – ich bin ein ganz normaler Typ. Ein Kind der Wende, jener Generation Golf oder X oder was, die gerade erwachsen wurde, als die Welt sich veränderte. Wir suchen daher, hieß es dann immer in den klugen Zeitgeist-Artikeln, gern in Werten Zuflucht, Familie etwa. Quatsch! Familie ist kein Wert, sondern etwas, was einem passiert, etwas ziemlich Mächtiges. Meine Freunde sind nach wie vor voller Tatendrang, was die Abende und Nächte betrifft. Ich kann erst mal nicht mehr mit, oder nur noch selten. Meine Frau beschwert sich, dass sie für fast alles verantwortlich sei, ich habe aber das Gefühl, dass gerade ich alles mache. Nachts passieren nervige Dinge. Kinder wachen auf. Milchflaschen müssen angerührt werden. Man stößt sich den Kopf an der Küchenzeile, weil man so schlaftrunken dort hineinpoltert. Windeln oder vollgepinkelte Bettwäsche sind auszutauschen. Man trägt ein schreiendes Baby umher, obwohl die Müdigkeit schon unerträglich ist. Natürlich ist das Neue zu Hause toll und aufregend, und andererseits fühle ich mich zugleich ausgeschlossen aus dem normalen Sozialleben. Als wäre das nicht verwirrend genug, stört noch das

Gewissen: Ich kann abends hin und wieder mal verschwinden, meine Frau aber nicht. Ist das nicht ungerecht? Während mir meine Freunde den vierten Martini ausgeben, da ich ja – »geil, Alter!« – Papa bin, lässt sie sich zu Hause aussaugen. Wie auch immer, die freundlichen Forderungen von außen bleiben: Ständig piept das Telefon.

Das alte Leben hat drei SMS geschickt und mich damit geweckt. Ich muss erst einmal kapieren, wo ich bin. Ich erwache nicht aus einem Monsterrausch, ich liege bloß auf dem Sofa, bin eingepennt, war einfach zu kaputt nach einem Tag mit Kindern. Eben noch verfolgte mich ein Albtraum: Auf einem düsteren Dancefloor pikte der Münchner DJ Hell mich mit Lanzen und Stangen. Jetzt sehe und fühle ich, dass es Legos waren, auf denen ich geschlafen habe. Gut möglich, dass mein Sohn die erst über mich geschüttet hat, als ich schon hier lag und ratzte. Es ist tief in der Nacht – die Freunde hatten mit mir ausgehen wollen, zu einem Jazz-Rock-Konzert, das hinterher an der Bar ausführlich diskutiert werden will. Ich habe alles verpennt. Verdammt! Deswegen auch die vielen SMS. Ich lese, zuerst: »Mann, wo bleibst du?«, später dann Unverständliches, der Alkohol hat die Grammatik zerdeppert, auf jeden Fall aber scheint man sich zu amüsieren. Ohne mich.

Um 2.40 Uhr hat auch die schöne Susanne, eine alte Freundin aus Studienzeiten, eine Nachricht geschickt. Sie sei von ihrer Skatrunde gekommen und nun auf irgendeiner tollen Party gelandet, und ich solle dazukommen. Um zwanzig vor drei. Was denken die Leute sich? Keiner versteht, was es heißt, Vater zu sein. Das Telefon ist für mich im Moment nur noch ein Relikt, eine Erinnerung an andere Zeiten. Eigentlich nicht schlecht, dass man sich endlich vom Diktat des Handys lösen kann und auch darf. Ich habe früher oft von Bekannten dumme Bemerkungen gehört, weil ich gern mal nicht rangehe – als wären die Freunde so etwas wie Handlanger der Mobilfunkindustrie. Heute darf ich es endlich klingeln lassen. Die Vaterschaft macht die kinderlosen Bekannten einfach nur ratlos, also erlauben sie dir so ziemlich alles. Aber hinschauen tu ich eben doch, auf das Telefon, wenn es sich regt.

Es würde sich vielleicht sogar noch lohnen, zu den Freunden aufzuschließen. Die Partys der Spätjugendlichen um die dreißig gehen ja gern bis weit in den nächsten Tag. Aber für mich gilt das nicht, für mich fangen die meisten dieser Abende ja gar nicht erst an. Viele Leute sagen, seit sie Kinder haben, wollen sie nicht mehr raus in Kneipen, Diskussionsrunden, zu Bands, Vorträgen oder ins Off-Theater, weil es zu Hause ja viel besser sei. Das klingt nett, aber irgendetwas ist faul daran. Das Verlogene ist doch, dass sie früher so getan haben, als liebten sie die Partys, und nun auf einmal so tun, als bedeuteten sie ihnen absolut nichts mehr. Ich zum Beispiel fand Clubs der absurden Lautstärke wegen schon immer schwierig und bin jetzt froh, mich hinter dem Vatersein verstecken zu können, wenn ich nicht mitwill. Aber deswegen muss ich mich nicht, wie einige meiner Bekannten, als Neuvater plötzlich für immer aus dem bisherigen Sozialleben verabschieden. Heute hätte ich gern mal rausgewollt. Pustekuchen!

Erholung is so yesterday

Ich döse ein, immer mit dem Hintergedanken: nicht zu fest und zu lange. Um die Reste der Beziehung zu erhalten, muss ich frühmorgens gleich die Kinder nehmen. Mit dem Gefühl, maximal eine Minute geschlafen zu haben, fahre ich irgendwann wieder hoch. Ein wölfisches, unzufriedenes Geheul zieht durch die Wohnung, aus dem Wörter wie »Husten, weg!« verständlich werden. Der Große hat Husten, und es ärgert ihn, klar. Dann mischt sich ein helleres Kreischen hinein. Der Kleine ist auch gleich wach geworden. Es ist 6.45 Uhr. Ich gehe rüber, und mir wird gleich ein Kommando entgegengeschrien: »Papa! Nicht hell machen!« Es gibt einen berühmten Film *Der kleine Lord*, ein Rührschinken. Ich arbeite innerlich zurzeit an einem Gegenprojekt, *Der kleine Generalfeldwebel*.

Ich renne hin und her, versuche es allen recht zu machen, und wenn ich Härte zeige, das dann aber geduldig zu erklären: »Dein Bruder muss auch etwas trinken, das ist nun mal so.« Mir tut alles weh, ich verfalle körperlich. Man hat sich vermehrt, hat biologisch seinen Zweck erfüllt, und das war's jetzt. Mein Wohlbefinden interessiert niemanden mehr.

Später sind die Kinder auch mal richtig süß, so zwischen acht und halb neun, wenn man sich gefühlt schon im Nachmittag befindet. Der Große lacht den Kleinen an, und der antwortet ihm immer mit dem gleichen Echolachen. Schön. Bis ein gellender Schrei an mein Ohr dringt: »Papa, will trinken. Trinkentrinkentrinken! Apfelsaft!« Jawohl. Ich haste in die Küche.

Heute ein König

Das Kleinkind ist eine nach allen Seiten offene Bedürfnismaschine, ein richtiger kleiner König. Ich bin der Bedürfnisbefriedigungsautomat. Ich bin es meist gern, aber ich musste erst lernen, das ungeschminkt zu sehen. Ich bin für sie ein bewegliches Möbelstück, das besonders gute Dienste leistet. Ich stehe in der Küche und suche den Apfelsaft. Von drüben tönt es langgezogen an mein Ohr: »Trinkeeeeeeen!«, und geht in Jaulen über. Ich liebe meine Kinder, wirklich. Ich habe mir nur manches etwas anders vorgestellt.

Ich komme mit dem Plastikbecher voll Saft zurück ins Kinderzimmer und versuche geduldig zu erklären, dass es ein bisschen dauert, den einzugießen. »Papa hat dich lieb«, sage ich zur Beruhigung dazu und meine es natürlich auch. Die Antwort kommt prompt, kurz und trocken: »Kacke.« Den halben Saft gießt Leo auf den Boden. Natürlich sagt er das nur, weil er das böse Wort gerade entdeckt hat und voller Freude damit bei jeder Gelegenheit seine Umwelt provoziert. Das weiß ich und nehme es hin.

Spießer oder Spinner

Dabei war doch alles ganz einfach. Ich habe vor ein paar Jahren eine wunderbare Frau kennengelernt. Wir zogen zusammen, ließen es uns gutgehen und machten zwei- oder dreimal Urlaub. Dann wollten wir Kinder. Schön, ich dachte schon lange daran, und nun passte es, also los. Ich hatte auch nichts dagegen, nicht mehr so viele amüsante Abende mit anderen ewig Jugendlichen zu verbringen, im Gegenteil. Dass ein Leben mit Baby aber der reine Frondienst werden würde, wusste ich nicht. Dass einem trotz aller Lippenbekenntnisse für Familien wenig geholfen wird und man, wenn man nicht alles auf seine Frau abwälzen und damit die Beziehung zerstören will, an der normalen Tätigkeits- und Arbeitswelt plötzlich nicht mehr so gut teilnehmen kann, war mir auch nicht ganz klar.

Mit dem Schock kann man so oder so umgehen. Einige unermüdliche Arbeiter im Weinberg des Herrn beginnen tatsächlich, an ihrer Lebenssituation herumzudeuten. Jahrelang haben wir, gerade Männer, uns mit der Suche nach Identität herumgetrieben, als Studenten, Musikenthusiasten, Cineasten, als Fans von Videospielen, Popliteratur oder Skateboarding, was weiß ich. Aber jetzt? In meinem Alter und meiner Situation kommen viele noch mal auf die Idee und grübeln darüber nach, wie man sich als Vater denn wohl zu definieren habe. In Wahrheit ist es doch so: Man bekommt Kinder, und dann muss man sehen, wie man damit klarkommt. So viel zur Selbstdefinition.

In England und den USA ist man mal wieder weiter als wir. Dort melden sich gerade die ersten wütenden Väter zu Wort und reden darüber, wie das Papasein einen fertigmachen und langweilen kann. Von dir wird erwartet, dass du dich großartig fühlst, aber erst einmal ist es nicht so. Es gibt unter Männern eine Verschwörung des Schweigens; sie durchschauen einander, dürfen aber bloß nicht zeigen, dass sie sich eigentlich langweilen. Die neue Offenheit ist erschreckend. Ein Reporter des *New York Times Magazine* beschrieb kürzlich, wie er den Impuls hatte, seine Tochter aus dem Fenster zu werfen. Manchmal stinkt es dir eben, dass du alles nur noch wundervoll finden und rosarot sehen sollst.

Wenn man kein mercedesfahrender Ernährer alter Schule werden möchte, hilft alles nichts, man muss sich seine Identität selbst machen. Und wenn man überhaupt die sogenannte Identitätsfindung betreiben will, geht es um eine Position jenseits der Angebote Spießer werden oder berufsjugendlich bleiben. Neue Bürgerlichkeit ist natürlich, auch wenn das Schlagwort gerade sehr in Mode ist, das Blödeste von allem. Denn bürgerlich sind wir sowieso alle, was denn sonst? Ich habe jedenfalls keinen Fürsten und Lehensherrn mehr getroffen. Die Debatte um neue Bürgerlichkeit ist erfrischend, weil sie so durchschaubar ist: Sie erweitert Familienverhältnisse auf die ganze Gesellschaft. Wer das schwammige Schlagwort benutzt, meint eigentlich nur: Ich will es wieder so wie einst Oma und Opa machen, früher wurde vieles richtig gemacht. Früher wurde auch vieles falsch gemacht, in der Kinderbetreuung und Erziehung vor allem.

Wer Kinder hat, muss nicht mehr so tun, als sei Deutschland eine Familie, mit einem Hippie als ausgeflipptem Onkel, einem Nazi als Opa und lauter glücklichen Weibchen aller Generationen am Herd. Wenn du Kinder hast, wirst du mit diesen weltfremden Märchen schnell aufhören. Es geht um Wichtigeres als symbolische Positionen, zum Beispiel um die Beziehung. Da reicht ein Blick auf unsere Eltern, Lehrer, deren Freunde, auf die Leute eben, die schon vor längerer Zeit Kinder bekommen haben. Wie viele Beziehungen bestehen da noch, und wie viele von denen sind glücklich? Meine Bilanz ist traurig, wenn ich mich umschaue.

Kind essen Beziehung auf

Derzeit werden in Deutschland jährlich etwa 680 000 Kinder geboren. Rund 380 000 Eheschließungen werden registriert und über 200 000 Scheidungen. Über 150 000 minderjährige Kinder sind davon betroffen. Mehr weiß das Statistische Bundesamt nicht. Aber das Verhältnis von Paarbildungen zu Trennungen dürfte bei den Beziehungen ohne amtlichen Segen das gleiche sein. Frauen, die früher zähneknirschend in einer unerquicklichen Familiensituation geblieben wären, verlassen diese heute; das ist ein Fortschritt. Ich frage mich, warum Kinder die Beziehung so belasten, dass grob geschätzt nur die Hälfte der Paare durchhält.

Kulturelle Bilder, an denen man sich orientieren könnte, gibt es kaum. Oder doch: Heidi Klum steht schon wenige Tage nach der Entbindung ihrer Kinder wieder auf irgendeiner Bühne. Das höre ich oft von Freundinnen – die Menschen orientieren sich an so was. Dabei liegt das doch daran, dass Heidi Klum kein Mensch ist, sondern ein Roboter. Sie kann kein ernsthaftes Vorbild sein, wenn ihr nun einmal anhaftet, in Sachen Erziehung offenbar nichts Besseres im Sinn zu haben, als im Fernsehen den Nachwuchs der eigenen Branche herunterzuputzen. Leider gibt es für Väter auch nur, gelinde gesagt, etwas schwierige Muster, wie man zu sein habe. Der paradigmatische tolle Vater aus der Werbung hat einen Dreitagebart, eine lässige, aber gepflegte Frisur, trägt moderne Klamotten aus dem Tchibo-Onlineshop, hat ein Grübchen am Mundwinkel und einen Neuwagen vor dem strahlend sauberen

Reihenhaus. »Lieber möchte ich in kalter, steiniger Erde begraben sein«, würde der Opa Abe aus den *Simpsons* sagen.

Mich weckt ein Krachen aus meinen Gedanken. Der Große hat den Kleinen gegen das Klavier geschubst, wohl weil der ihm irgendein Spielzeug wegnehmen wollte. Beide schreien. Es ist neun, Sonntagmorgen. Deutschland schläft sich aus. Ich muss dringend raus, die Kinder brauchen Beschäftigung.

Problemzonen *Julia*

Mädchen rülpsen und pupsen normalerweise nicht in der Öffentlichkeit. Es war ein unglaublicher Skandal, als Anneke in der 12. Klasse mitten im Biologieunterricht aufstand und auf die Frage des Lehrers, wo sie denn hingehe, sagte: »Ich muss mal kacken.« Da fiel sogar dem als Survivaltyp und Hobbyjäger verschrienen Pädagogen nichts mehr ein. Oder Elisabeth, die in der Musikaula schallend einen fahrenließ und dann kaltschnäuzig behauptete: »Ich war's nicht.« So was vergisst man nicht.

Die Mädchen meiner Generation haben nicht gelernt, mit ihrem Körper offen umzugehen. Das fängt ja schon damit an, dass man nicht weiß, ob man das da unten als Vagina, Scheide oder Muschi bezeichnen soll. Wenn man Kinder bekommt, kann diese Verdrängungstechnik problematisch werden. Den jüngsten Versuch, bisher Unaussprechbares zu Papier zu bringen, hat Charlotte Roche mit ihrem vielzitierten Buch *Feuchtgebiete* gewagt. Es wurde ein Riesenerfolg, und obwohl es viele Leute ablehnen und eklig finden, hat die Autorin es doch geschafft, ein Tabu ins Gespräch zu bringen: die weiblichen Körperfunktionen.

Ein Redakteur schrieb mal in *Emma*, manche frischgebackenen Väter sprächen über die Geburt wie alte Männer von Stalingrad. Wenn ein Kind kommt, geht es tatsächlich blutig und schleimig zu; die Frau schreit wie ein Tier, schlimmstenfalls über Stunden. Wenn das Kind einmal draußen ist, hat der Körper sich verändert. Nicht nur, dass man noch ein paar Wochen blutet und das Gefühl hat, mit dem Kind seien sämtliche Innereien aus einem hinausgepresst worden. Auch das Becken bleibt zunächst noch weit, deswegen schmerzen irgendwann Steißbein und Füße. Kein Knochen will mehr so richtig auf den anderen passen. Nachts klemme ich mir in Seitenlage ein Kissen zwischen die Beine, weil ich sonst wie ein ausgehöhltes Walross auf den Bauch zu kippen drohe. Mein erster Klogang wird zum Horrortrip. Kleine Hautwülste stülpen sich kurzzeitig mit den Ausscheidungen nach außen und erinnern mich schmerzlich an das Geburtserlebnis. Da ich einen Dammriss hatte, musste ich an der empfindlichen Stelle zwischen Scheide und After genäht werden und verbringe zwei Wochen auf einem aufblasbaren Schwimmring, weil die Sitzfläche schmerzt. Frisch entbundene Frauen können Sätze sagen wie: »Ich fühlte mich wie auf dem Schlachtbrett.« Oder: »Ich wurde zugenäht wie ein Hühnchen.« Ab dem Tage, da ihr Baby auf die Welt gekommen ist, muss sich die Frau, die bisher höllisch darauf geachtet hat, eine gute Figur zu haben und körperlich ganz Herrin ihrer selbst zu sein, mit Themen wie Hämorrhoiden und ausgeleiertem Beckenboden beschäftigen.

Während der Geburt von Leo liege ich in einer Geburtswanne, einer etwas breiter gebauten Badewanne. Unter dem Druck der Wehen pupse ich plötzlich ins Wasser. Es blubbert sichtbar im Wasser, und noch in dieser Extremsituation sage ich erschrocken »Huch!«, finde den Vorgang tatsächlich unerhörter als den warmen Schwall Fruchtwasser, der mir kurz danach explosionsartig ins Wasser entrinnt und einen regelrechten Unterwasserstrudel erzeugt.

Postnatale Lustlosigkeit

Als wir Wochen später endlich mal wieder Sex haben, mein Mann und ich, da entfleucht mir aus der Vagina hörbar Luft; das ist so absurd, dass wir uns kaputtlachen. Im Internet mache ich mich daraufhin schlau über das Phänomen, das den Namen Vaginalfurz trägt. Wenn die Vagina schlicht zu weit ist für den Penis, kann das quatschende Geräusche beim Geschlechtsverkehr machen. Nun, da ist ja auch gerade ein Kind hindurchgegangen. In einem Internetforum wird in diesem Zusammenhang tatsächlich das Wort »Scheunentor« gebraucht, und zwar von betroffenen Frauen, wie ich belustigt und zugleich abgestoßen meinem Mann erzähle.

Mit aufregendem Sex scheint es sowieso erst mal vorbei zu sein. Im Babymagazin aus der Apotheke steht, dass knapp die Hälfte der Frauen Schwierigkeiten beim Sex hat, auch Unlust. Das Erstaunliche ist, das scheint nur jeder Zehnten etwas auszumachen. Das Thema haben auch gleich zwei neue, cool aufgemachte Eltern-Magazine in ihrer Erstausgabe, *Nido* und *Wir*. (Letzteres wurde wieder eingestellt, Ersteres läuft aber anscheinend prächtig.) Das Problem mit der postnatalen Lustlosigkeit ist virulent, doch die Frauen reden überhaupt nicht darüber, die Männer aber schon, vor allem untereinander. Denn bei ihnen hat sich ja nichts verändert. Der Körper ist bis auf einen kleinen Bauchansatz der gleiche geblieben, während in dem der Frau eine Schlacht getobt hat. Die Männer vermissen den Sex, den sie vorher regelmäßig hatten.

Biologisch ist es für die moderne Beziehung nicht weniger als ein Desaster, wenn man Kinder bekommt. Das Thema Geschlechtsverkehr ist ein Dauerbrenner. Bei einem Spaziergang sagt meine Freundin Alina: »Ich habe echt weniger Lust auf Sex, seit wir Kinder haben. Das Thema stresst mich total, weil er immer Lust hat. Ich bin also in einer andauernden Verweigerungshaltung, weil er mich nicht in Ruhe lässt. Das gibt mir das Gefühl, eine frigide Ziege zu sein.« Ich weiß, was sie meint. Dass mein Mann schon öfter mal gemurrt hat: »Dann suche ich mir eben 'ne Nebenfrau«, verschweige ich. Und dass ich hin und wieder gemein zurückgeschnarrt habe: »Ja, bitte mach das, Hauptsache, du lässt mich in Ruhe«, erst recht.

Mein Mann geht das Thema handfest an und gibt mir Hausaufgaben auf: »Schreib doch mal deine Sexphantasien auf und wie du es gern hättest.« Und ich philosophiere mit Freundinnen und jungen Müttern beim Tee. Keine von ihnen springt gleich auf das Thema Beckenboden an, aber ich merke an den Blicken, dass da auch bei ihnen etwas ist. Ich formuliere es höflich und wohlerzogen und sage: »Mein Inneres ist noch so weich«, dabei meine ich: Mein Beckenboden hängt mir bis zum Arsch, und Sex macht mir auch keinen Spaß mehr. Und ernte ein Kopfnicken. Warum hat mir niemand von der Existenz dieses Muskels erzählt, bevor ich Kinder bekam? Die Einzige, die mit mir immer offen über solche Themen redet, ist Meike, eine alte Freundin aus Westfalen, aber die würde sich auch als Arbeiterklassenkind bezeichnen. Immerhin herrscht Einigkeit beim Thema Stillen. Mag ja alles gut und gesund sein, aber irgendwie wäre es schön, wenn man sich beim Füttern mal mit dem Partner abwechseln könnte. Vielleicht käme man zu ein paar Stunden Schlaf am Stück oder auch nur unter Menschen, mit denen man über was anderes als das Stillen reden kann. Überhaupt bestehen da grundlegende Vorbehalte bei meinem Mann. Toll ist zwar, dass die Brüste jetzt immer so schön drall sind. Ansonsten birgt es nur Nachteile. Die Brustwarzen sind empfindlich, und ich will nicht, dass er daran herumfingert, das Baby hängt schon jede freie Minute daran. Es ist schwer erträglich, seine frühere Autonomie aufzugeben und an regelmäßige Mahlzeiten gebunden zu sein, zu denen man dem Baby zur Verfügung zu stehen hat. Seit ich Kinder habe, denke ich jeden Tag daran, dass ich schon wieder zu wenig Schlaf hatte. Das Defizit der ersten Monate holt man meiner Meinung nach nie wieder auf. Auch hier denkt mein Mann pragmatisch: Du brauchst Energie? Lass uns doch gleich hier auf dem Sofa …

Den Scherbenhaufen wieder zusammenkitten

Sechs Wochen nach Leos Geburt besuche ich einen sogenannten Rückbildungskurs. Man kann über die Effizienz dieser Kurse streiten, und sicher gibt es auch große Qualitätsunterschiede. Während man uns im Yogakurs vor der Geburt noch sagte, wir sollten uns »mal freitanzen im Becken«, konzentriert sich in der Rückbildung nun alles darauf, den Scherbenhaufen wieder zusammenzukitten.

Ich bin entsetzt, wie unsportlich die Mütter sind, wie nachlässig mit ihrem Körper. Während ich darauf dränge, in den vor uns liegenden acht Sitzungen das Bestmögliche herauszuholen, jammern einige schon bei den ersten Anzeichen von Bauchmuskeltraining, es sei zu anstrengend. »Heute ist es so heiß, Sabine. Machen wir mal nicht so viele Übungen, oder?« Und am letzten Tag wird statt Gymnastik ein Frühstück mit Brötchen, Trauben und Hummus anberaumt. Das ist ein Witz! Die Hälfte der Stunde geht eh drauf fürs Stillen, denn die Babys sind natürlich allesamt dabei. Überall gluckst und pupst es. Und fängt ein Baby erst mal an zu schreien, fallen meist gleich alle anderen mit ein.

Mich juckt es in jeder Faser: Jetzt aber ein paar ordentliche Sit-ups! Eine Freundin sagt: »Ich will endlich mal wieder normal sein.« Das Kind war abgestillt, aber sie traute sich immer noch nicht in die Joggingschuhe, weil sich die Vagina noch weit und überhaupt alles noch »so offen« anfühlte. Sie verbrachte zwar schon wieder 35 Stunden die Woche oder mehr am Bürotisch, aber für die Rückbildung war bisher kein Platz gewesen.

Ein halbes Jahr nach Quinns Geburt hielt mir mein Mann abends im Bett eine Standpauke. Er könne das nicht mehr ertragen, wir hätten gar kein Intimleben mehr, und dann immer auch noch diese Kondome wegen des Stillens. Es ging immer so weiter, und am Ende sagte er: »Also geh hin und mach deine Übungen.«

Es stimmte. Ich war nachlässig geworden, und ich versprach, meine sehr frühen Morgenstunden auf der Yogamatte im Wohnzimmer zu verbringen, neben Quinn, der mich währenddessen mit großen Augen anguckte. Mein Mann schnarchte übrigens zu dieser Zeit noch wie ein Lämmlein in unserem gemeinsamen Bett, in dem wir uns, bevor wir Kinder hatten, auch gern mal morgens vor dem Aufstehen noch geliebt hatten. Na ja, was soll's. Es kann ja nur besser werden, dachte ich und schlürfte meinen heißen Kaffee. Ist ja alles für den Sex. Der Spruch kam aber nicht aus dem Bauch, sondern aus dem Kopf.

Es ist grauenvoll. Den ganzen Tag richte ich mich nach den schreienden und quäkenden Kindern, sie kommen immer zuerst dran. Sie sind einfach noch zu klein, um lange warten zu können. Und abends, wenn sie nach einem Vierzehnstundentag endlich im Bett sind und ich glaube, jetzt mal in Ruhe meine Sachen machen zu können, steht mein Mann die ganze Zeit hinter mir und stellt so komische Fragen wie: »Was machst du denn so lange im Bad?« Oder er will mitten in der Nacht knutschen und weckt mich deshalb. Das macht mich wahnsinnig. Ich brauche so dringend meinen Schlaf, und meistens will ich einfach mal, dass mich keiner anfasst. Ich will meine Ruhe und nicht angesprochen werden. Das finde ich vollkommen verständlich, ist aber geradezu tödlich für die Liebe.

Lokus Pokus

Mein Mann und ich haben da so ein Spiel, das gern zum Einsatz kommt, wenn einer beim Sex droht einzupennen. »Stell dir vor, wir hätten uns gerade erst kennengelernt. Würdest du da auch so lahm knutschen?« Nein. Und natürlich würde ich mit dem Mann meiner Träume auch nicht über Vaginalfürze reden. Wir kennen uns jetzt seit sechs Jahren, wir haben zwei Geburten gemeinsam hinter uns gebracht, zwei kleine Kinder, von denen das größere zur Zeit am liebsten dauernd nur »Kacke!« ruft. Heute schreckt uns nichts mehr.

In einem Interview antwortete der amerikanische Schauspieler Dustin Hoffman einmal auf die Frage, ob er mit seiner Frau das Bad teile: Er habe jetzt soundso viele Geburten mit seiner Frau erlebt, er hätte da keine Probleme, auch mal neben ihr auf dem Klo zu sitzen. Es ist tatsächlich so. Mit Kindern gibt es keine Privatsphäre mehr. Unser Freund Martin, den wir mit seiner fünfköpfigen Familie in Köln besuchen, schleicht irgendwann resigniert vom Lokus und doziert vor seiner ältesten Tochter: »Weißt du, Clara, eigentlich wollte ich kacken, aber es ging nicht.« Warum? Weil die Kleine geschlagene fünf Minuten an die Klotür hämmerte, weil sie dachte, Mama wäre da drin. Clara ist ein ausgesprochenes Mamakind. Da half es auch nicht, dass Martin fortwährend durch die Tür schrie: »Mama ist nicht hier drin!«

Wohin das in der Paarbeziehung führt, kann man sich denken. Mein Mann bekommt jedes Mal einen Anfall, wenn er mich bei offener Tür auf dem Klo antrifft. Aber meistens muss ich eben noch gleichzeitig ein bis zwei Kinder überwachen, in den restlichen Fällen mache ich es inzwischen eben auch so, aus Gewohnheit. Also, hätten wir uns gerade erst kennengelernt, wäre das alles natürlich fatal gewesen und hätte zum sofortigen Abbruch unserer Beziehung geführt.

Erinnerung an Stalingrad   *Thomas*

Von Niki Lauda, dem Rennfahrer, hat man lange nichts gehört. Nun meldet sich der inzwischen Sechzigjährige wieder zu Wort. Seine gerade mal halb so alte Frau erwartet Zwillinge. Lauda will aber »definitiv nicht« dabei sein, wenn die zur Welt kommen, erzählt er der Zeitschrift *Bunte*. Seine herzhafte Begründung: »Wenn ich mir den Fuß breche, sitzt meine Frau ja auch nicht daneben, wenn sie ihn mir eingipsen.«

Diese Meldung entdecken wir beim Abendessen in der Zeitung. Für mich ist das ein willkommener Anlass, in meinen persönlichen Kriegserinnerungen zu schwelgen. Denn ich habe die Geburten meiner beiden Kinder miterlebt. Meine Süße weiß nun gar nicht, wen sie mehr verachten soll, Lauda oder die junge Dame, die sich mit dem Esel eingelassen hat. Ich aber kann darüber lachen. Frauen vergessen gern, dass sich auch in puncto Geburt in den letzten dreißig Jahren für den Mann alles geändert hat.

Mein Vater war nicht dabei, als ich zur Welt kam. Und bei seinen gleichaltrigen Freunden sieht es nicht anders aus, alle erzählen ungefähr das Gleiche vom größten Erlebnis ihres Lebens: Um die Geburt kümmerte sich der Arzt. War das Kind da, stolperte man betrunken und mit Blumen ins Krankenhaus, um es sich durch eine Glasscheibe zeigen zu lassen und zu hoffen, dass es das eigene ist. Nur mein Freund Theo, genau zwanzig Jahre älter als ich, hat es sich Ende der Siebziger nicht nehmen lassen, von der ersten Wehe bis zum erlösenden Ende dabei zu sein. Aber ihm sind Konventionen grundsätzlich und aus Prinzip egal. Theo erzählte einmal fasziniert: »Eine blutige Grotte, und ein Gestank, furchtbar!« Mit der Grotte meinte er den Geburtskanal, kurz bevor der Kopf kommt.

Auf zur totalen Entmündigung

Heute muss, wer nicht sozial geächtet werden möchte, überallhin mit. Zur Frauenärztin, wo man immer dachte, da passt man als Mann so gut hin wie ins Lesbencafé, und natürlich zum Geburtsvorbereitungskurs. Unbedarfte sagen an dieser Stelle schnell: »Aha, hecheln, oder was?« Die Wahrheit ist, Hecheln spielt keine große Rolle in den Kursen. Auf Vorschlag der Hebamme machen die Paare das zum Schluss vielleicht einmal mit viel Gelächter und weil die Erwartungshaltung so hoch ist. Meine Frau hat bei keiner ihrer Geburten gehechelt, jedenfalls nicht so, wie man es lernt, eher so entsetzt geschnauft, als das Kind rauskam.

Wir leben im 21. Jahrhundert, jeder hier weiß, wie man ein iPhone bedient, aber niemand weiß etwas über das Gebären. Das ist natürlich eine perfekte Gelegenheit für die große Verschwörung der Idioten, einem alle möglichen Bären aufzubinden.

Man wird, wenn man Kinder erwartet oder sehr kleine Kinder hat, nach Strich und Faden belogen. Von »die wichtigsten Menschen der Welt« über die »Extraportion Milch« in den industriellen Süßkramprodukten bis hin zum »Kinderabteil« im Zug, das eng ist wie eine chinesische Einzelzelle. Aber nirgendwo sind die Verlogenheit und der Unsinn so extrem wie beim Thema Geburt. Die Geburt ist der gepfefferte Vorgeschmack darauf, wie Eltern dann jahrelang für dumm verkauft werden.

Das fängt schon bei den wenig unterhaltsamen Infoabenden an, die Kliniken für Schwangere und ihre Partner veranstalten. Bei einem Diavortrag und anschließender Besichtigung der Geburtsstation kommt man sich vor wie bei einer Hotelbesichtigung.

Da heißt es dann: »Wenn das Kind auf der Welt ist, haben Sie die Möglichkeit, Rooming-in zu machen.« Zu deutsch: zusammen mit Mann und Baby in einem Zimmer schlafen. »Wenn Ihr Mann bei uns mit frühstückt, kostet das allerdings extra.«

Bloß die Fragerunde im Anschluss ist etwas seltsam und erinnert einen eiskalt daran, warum man hergekommen ist. »Wie oft machen Sie denn einen Dammschnitt?« Frauen sind meist vorbereitet und tun ganz routiniert. Das ist wohl Selbstschutz, sie sehen ihrem unausweichlichen Schicksal eben entgegen. Männer dagegen werden mit der Zeit und je eindringlicher das Thema behandelt wird, immer blasser. Sie haben ja auch einen Damm, anatomisch gesehen, aber dass ihnen da einer reinschneidet – nein, danke!

Schwester Ursula strahlt, meine Frau schreit

»So sieht das aus, wenn Sie dann zur Geburt bei uns ankommen«, strahlt Schwester Ursula im weißen Kittel. Sie hat sich den Falsett-Singsang des äußersten Mitgefühls angewöhnt. Sie zeigt uns ein Dia, auf dem der türkisblau-altrosa Eingangsbereich der Klinik zu sehen ist. Eine Frau mit dickem Bauch schlendert bei strahlendem Sonnenschein auf die Tür zu und lächelt entspannt in die Kamera. Ihr gutgelaunter Mann trägt eine dicke Sporttasche daneben her.

Hätten die denn nicht einfach zugeben können, wie es wirklich wird? Nämlich so: Du zerrst mit Müh und Not eine Schreiende durch die Tür, die du nicht wiedererkennst und die sich vor zwei Minuten genau vor deine Füße erbrochen hat. Du bist der Mann neben ihr, und der ist so nervös, dass er zweimal stolpert und sich lang hinlegt. Auf der Straße hast du Vollgas gegeben und dabei fast eine unschuldige Schulklasse umgefahren, als du über Rot gebraust bist. Deine »Kliniktasche« hast du im Hausflur vergessen, und du brauchst die blöden Stullen, die man sich schmieren soll, damit man unter der Geburt nicht verhungert, sowieso nicht.

Als wir zur Geburt unseres ersten Kindes in der Klinik ankommen, ist alles nicht mehr so schön wie beim Einführungsabend, eher apokalyptisch: Vor uns öffnet sich ein dämmriger Gang mit sechs oder acht Türen links und rechts, hinter einer hört man ein langgezogenes Jammern. Es sieht genau aus, ich schwöre, wie in dem Ego-Shooter-Videospiel *Half-Life*. An der Seite sieht man den gläsernen Durchgang zum OP-Raum, für die Kaiserschnitte und so. »Da will man ja nicht hin, aber wenn es doch sein muss, ist alles ganz nah«, sagt die Schwester. Der Operationssaal ist rundum grün ausgekachelt, im Halbdunkel schimmert ein Folterstuhl mit zwei Beinschienen. Da drin sieht es also schon eher aus wie in dem Horror-Videospiel *Resident Evil*.

Mir wird plötzlich klar, dass diese Ballerspiele einfach nur die dunklen Seiten unserer Krankenhäuser darstellen. Muss mal einen Artikel darüber schreiben, versuche ich mir noch schnell zu merken: Der erschreckende Realismus des modernen Horrorspiels. Wieder was dazugelernt, und das direkt vor der Geburt.

Dann werden wir in einen Raum verfrachtet. Ich darf mich auf einen Hocker setzen und mich die nächsten Stunden so überflüssig fühlen wie sonst noch nie im Leben. Meine Frau hat Wehen und macht hin und wieder so Aah-Geräusche wie bei »Lady in Black« von Uriah Heep, nur eben noch nervender und unmelodischer. Dann kommt eine Wehenpause, in der sie vergrübelt und weltabgewandt schaut und ich sie leider nicht ansprechen kann, jedenfalls reagiert sie überhaupt nicht mehr auf mich. Dabei sage ich ihr so schöne Sachen wie: »Alles okay?«

Ein paar Stunden später hat sich die Lage dahingehend verändert, dass meine Frau so brüllt, dass mir die Ohren platzen. Wenn wir in einem Comic wären, hätte man Vibrationen an den Wänden eingezeichnet, und die Phiolen mit den Ölen und Mitteln wären im Regal zersprungen. Mir fällt ein Freund ein, dessen Frau auch gerade schwanger ist und der mir gestand, dass er bei der Geburt eigentlich gar nicht dabei sein wolle. Ich merke mir: Dennis anrufen, ihm sagen, dass er unbedingt zu Hause bleiben soll!

Männer in die Ecke

Ich mache also die ganze Zeit brav das, was von mir erwartet wird: Ich sitze bei ihr. Übrigens in ziemlich krummer Haltung, weil der Mann wohl schon durch den in die Ecke gezwängten Stuhl seine Nebenrolle klar erfassen soll, und bringe ihr ab und zu Tee. Frauen behaupten hinterher immer gern, es sei so toll gewesen, dass ihr Mann da war und sie unterstützt habe. Ich würde auch immer wieder dasitzen, aber ehrlich gesagt, ich halte das für ein Märchen. Mir hat meine Frau die drei oder vier Finger zerquetscht, mit denen ich ihr die Hand hielt, und ich glaube, man hätte ihr genauso gut eine gebratene Hähnchenkeule hinhalten können.

Einmal gehe ich zwischendrin raus und rauche. »Sonst hältst du das hier nicht durch«, sage ich zur Begründung zu mir selbst, laut, aus Versehen. Am Eingang zur Station hat die Krankenhausverwaltung allen Ernstes eine Vitrine mit Geburtsinstrumenten des frühen 19. Jahrhunderts aufgebaut, eine richtige kleine Ausstellung. Da liegt, auf alten Lederkoffern, der Kranioklast, eine Zange »zur Verkleinerung eines perforierten Kindskopfes und zur Extraktion«. »Schädelbrecher« heißt das Wort übersetzt. Ich schaue mehrmals hin, weil ich zuerst noch lange glaube, dass ich mich verlesen habe. Aber es geht so weiter: Die Kjelland- und die Naegele-Zange sind noch erträglich, damit wurde immerhin das lebende Kind herausgezogen. Dann aber, der »Küstner-Steißhaken« zur »Extraktion toter Kinder in Steißlage«. Das wird alles auf kleinen Kärtchen erklärt. Mir fällt die Zigarette von den Lippen und rollt über den glänzenden Klinikboden. Als ich die »Siebold-Schere« entdecke, ein langes Instrument, mit dem tote Kinder im Mutterleib zerschnitten werden sollen, halte ich mir eine Hand vor die Augen wie bei einer üblen Szene im Gruselfilm. Mir ist schlecht.

Plötzlich tippt mir ein Finger von hinten an die Schulter. »Mensch, wir kennen uns doch, du bist doch auch bei der Zeitung«, sagt die Stimme von Dietmar, einem Reporter. Er hat irgendwen besucht und fängt an, mich vollzulabern. Irgendwann erkläre ich ihm, was Sache ist und dass ich »mal wieder hoch muss«, da wird er einfach wütend. »Was, deine Frau gebiert da oben, und du stehst hier rum und redest?« Abgang Dietmar. Ich husche wieder zurück in die Station.

Drinnen steht inzwischen der grinsende Chefarzt und sagt: »Rausgekommen sind sie bei uns noch alle!«, und drückt meiner geplagten Frau auf dem Bauch herum. Ich sage: »Ich fühle mich seltsam«, und lasse mich ganz langsam auf den Boden gleiten. Danach gehen bei mir für ein paar wohltuende Minuten die Lichter aus.

Meine Frau hat sich am nächsten Tag sofort selbst entlassen. Sie hatte irgendwann auch die Vitrine gesehen, mit den Instrumenten. Und dass die Hebamme, als wir endlich unser allererstes Baby in Armen halten konnten, erst mal Fotos von ihren Enkeln rauszog, um sie uns stolz zu präsentieren, fand meine Süße irgendwie auch nicht so toll.

Kaffeekränzchen mit Geburtshorror

Man hört einiges von schlimmen Geburten, wenn man mal nachfragt; das liegt natürlich auch daran, dass die Frauen gerne von den Horrortrips berichten. War die Geburt leicht, schweigt man, schon weil die anderen sauer sein könnten, dass es bei ihnen nicht so gut lief. Meine Freundin Angela, bei der nach einer langen und anstrengenden Geburt am Ende doch der Kaiserschnitt gemacht wurde, erzählte mir, sie mache sich selbst Vorwürfe deswegen. »Mir fehlt dieses Erlebnis, es aus eigener Kraft geschafft zu haben, der krönende Abschluss all der Anstrengungen. Das wurde einem doch immer so eingeimpft: Du nimmst dein gerade geborenes Kind in die Arme, es liegt auf deinem Bauch, die Nabelschnur ist noch dran, der Mann ist dabei und alle Englein auch. So ist doch das Klischee, wie alles sein soll.«

Weil die Erwartung so stark ist und die Enttäuschung so groß, tauschen Frauen ihre Erfahrungen aus. Ich war mehrfach Zeuge solch spontaner Kaffeekränzchen des Geburtshorrors. Petra berichtete, dass Arzt und Hebamme ihr gemeinsam den Körper in jeder denkbaren Art verrenkt hätten, Beine an den Bauch und Drücken hier und da. Dann musste sie sich in einen tiefen Vierfüßlerstand werfen. Alles, damit das Kind endlich rauskommt, und alles unsensibel im Befehlston durchgeführt. Irgendwer rief Dinge wie: »Jetzt aber endlich mal!« Meine Kollegin Line erzählte, wie der Anästhesist reinkam, merkte, dass er ihren Mann kennt, und eine Plauderei darüber anfing, wie es beruflich so laufe. Bis sie ihn aus den härtesten Wehen heraus angeschrien habe, dass er verdammt noch mal seine Arbeit verrichten solle, sofort. Und Mariannes Kind trägt quer über der Stirn eine lange Harry-Potter-Narbe, die immer bleiben wird – der Chirurg hatte beim Kaiserschnitt nicht aufgepasst und dem Baby kräftig eins mit dem Skalpell verpasst.

Unser zweiter Sohn kam zwei Jahre später in einem Geburtshaus zur Welt, in einer großen Badewanne bei Kerzenschein, und zum Frühstück gab es Sekt und Marmeladenbrot. Wir haben das zu dritt erledigt, die Hebamme, meine Frau und ich, na ja, und am Ende war da halt noch so ein kleiner Typ, der vorher noch nicht da gewesen war. Nach ein paar Stunden haben wir ihn eingepackt und sind nach Hause gefahren. Allen ging es prächtig.

Wer frei sein will, muss zahlen

Aber das wäre natürlich zu einfach, und so kam der Ärger mit der Post. »Wir teilen Ihnen mit«, schrieb die Krankenkasse, die damals größte Deutschlands, »dass wir uns an den Kosten mit 153,00 Euro beteiligen.« Gezahlt hatten wir vorab aber 633,80 Euro – in der Hoffung, dass fast alles übernommen wird. Darum kämpfen die freien Hebammen schon lange. Bis heute geht es nicht.

Die Krankenkasse freut sich nämlich keineswegs, dass sie bei Hausgeburt oder Geburtshaus viel Geld spart. Das liegt an der Ärztelobby, die sich nichts von irgendwelchen nichtakademischen Hebammen aus der Hand nehmen lassen will. Selbst das ist noch ein wenig verlogen. In Wirklichkeit ist es großartig für die Krankenhäuser, dass es Geburtshäuser gibt – so sehr, dass die Berliner Charité eine Studie finanzierte, in der die Qualität von Geburten im Geburtshaus untersucht wurde. Die Krankenhäuser sind dem Ansturm an Gebärenden kaum gewachsen und sind froh, wenn sie in gewissem Maß durch sogenannte alternative Geburten entlastet werden. Die Studie zeigte übrigens, dass 88 Prozent aller Geburten im Geburtshaus problemlos und erfolgreich beendet werden.

Eine einfache Geburt im Krankenhaus wird von den Kassen zurzeit mit 1704 Euro bezahlt. Die Kaiserschnitte (inzwischen fast ein Drittel aller Geburten) kosten rund 5000 Euro. Ihr Anteil nimmt ständig zu, schon wegen der Wunschkaiserschnitte, für die viele Krankenhäuser heute schnell die nötige Indikation geben.

Für eine Hausgeburt, auch für die im Geburtshaus, bekommt die Hebamme von der Krankenkasse 400 bis 500 Euro, je nach Tageszeit der Entbindung. Erst seit der Gesundheitsreform vom April 2007 übernehmen die Kassen dazu noch die Betriebskosten des Geburtshauses, also noch einmal bis zu 300 Euro. Insgesamt ist die Sache höchstens halb so teuer wie die Geburt im Krankenhaus, entlastet also das Gesundheitssystem stark. Trotzdem muss weiterhin jede Familie draufzahlen, die sich dafür entscheidet. Man wird zum Narren gehalten rund um die Geburt. Da darf man sich nichts vormachen.

Wir werden zum Schwein *Julia*

Der coole Exchef meines Mannes kommt zu Besuch, um mit ihm über einen Auftrag zu sprechen. Ich bin nervös, und das hat seinen Grund: Neben Adriano fühle ich mich immer massiv stillos gekleidet. Und ich kann nichts dagegen tun. Auch an diesem Tag ist sein Auftritt perfekt. Dabei gibt er nach der Begrüßung recht freimütig zu, dass er gerade drei Tage auf dem Klo zugebracht hat. Schuld daran sei wohl das miese Essen im Bordbistro der Deutschen Bahn. Er komme nämlich just von einer Reise zurück. Auf der er übrigens, direkt vor der Magenverstimmung, tagelang gefeiert habe. Phantastisch, denke ich, man sieht es nicht. Oder doch – man sieht es schon. Er sieht wirklich schlecht aus. Um ehrlich zu sein, ausgezehrt, fahl, struppig, unrasiert, Augenringe bis zum Kinn. Aber er versteht es, das alles zu einem Stilprinzip zu erheben. Und das ist wahrhaft untergründig. Zum Dreitagebart trägt er selbstverständlich Goldkettchen und etwas tiefer – Achtung! – ein halboffenes blaues Seidenblouson. Das wagen nicht viele. Aus den schmalen Jeans baumelt ein Schlüsselband. Es rasselt und sieht aus wie das Halsband einer gefährlichen Dogge. Mehrmals wird der Exchef vom Klingeln seines iPhone unterbrochen. Er entschuldigt sich wortreich: Es gehe da um Korrekturen an einem Interview, das er gerade mit seinem amerikanischen Lieblingsschriftsteller geführt hat – in New York.

Ich rutsche auf dem Küchenstuhl herum und fühle mich unwohl. Leo ist gerade ein halbes Jahr alt. Ich bin in Elternzeit, und zwar rund um die Uhr. Ich stille noch, und so schlafe ich nachts, wenn es hochkommt, drei Stunden am Stück. Auch mein Haar ist struppig und wirkt stark vernachlässigt. Auch ich habe Augenringe. Nur dass es bei mir nicht modisch wirkt. Statt Heroine Chic verbreite ich eine Aura wie die Figur des Verrückten in einem Zwanziger-Jahre-Film, Doktor Caligari lässt grüßen. Meine Haare sind mir nach und nach ausgefallen – irgendwas Hormonelles, schwangerschaftsbedingt, keine Angst, die kommen wieder –, und das, was noch von meinen Locken übrig ist, sieht wie Kraut und Rüben aus.

Etwa fünf Minuten bevor der Kollege klingelte, hatte ich noch überlegt, was ich anziehen sollte, und entschied dann mutig, so zu bleiben, wie ich war: olivgrüne Schlabberhose im Military Style (H&M), supersized grauer Kapuzenpulli (irgendein altes Teil von meinem Mann), Badelatschen (im Hotel geklaut). Ich dachte, das sei cool und ein Ausdruck meines aktuellen Lebensgefühls. Als wir alle zusammen am Tisch sitzen, merke ich, dass es einfach nur Scheiße aussieht und mein hastig entworfenes Stilprinzip gar kein Stilprinzip ist.

Oder doch? Sieht so nicht eine authentische, von Schlafentzug und Stillen halb verblödete Mutter wie ich aus? Und wie sagte noch meine Hebamme im Rückbildungskurs, wo ich mich mit zehn anderen Jungmüttern um den Satz »Ich hätte gern, dass mein Bauch wieder verschwindet« herumdrückte: »Vergesst Heidi Klum!« Und stellvertretend dafür all die frisch entbundenen Promifrauen, die sich eine Woche nach der Geburt schon wieder auf ihrer ersten Party ablichten lassen, in High Heels und perfekt geschminkt in die Kamera lächeln. Ich habe immer mit Argusaugen auf diese Fotos gestarrt, um doch noch irgendwo eine verrutschte Stilleinlage zu entdecken. Leider Fehlanzeige! Dagegen wirken meine Brüste wie mit Wasser gefüllte Luftballons, und mein Bauch wölbt sich immer noch hartnäckig hervor, eine wahrhaftige Venus von Willendorf bin ich. »Reserven« hat das meine Hebamme mal grinsend genannt.

Unser Gast, ganz Gentleman, hat sich nichts anmerken lassen. Obwohl ich außerdem – wie ich hinterher erst merkte – im Bad auch noch schmutzige Windeln auf dem Boden vergessen hatte.

Im Kampfanzug

Mein Mann und ich sind mit der Zeit sehr pragmatisch geworden. Selten werden noch die schicken Klamotten aus dem Schrank geholt. Robust muss es sein, ohne überflüssigen Schnickschnack wie Bändel, Perlen oder Ähnliches, denn da reißen die Kinder dran (Ohrringe und Ketten trage ich seit Jahren schon nicht mehr). Und morgens ist so wenig Zeit im Bad, dass ich froh bin, wenn ich irgendetwas von diesen Dingen geschafft habe: 1. Zähneputzen oder 2. Duschen oder 3. ein bisschen Make-up. Alles zusammen klappt selten. Denn guckt man mal fünf Minuten nicht hin, fliegen die Reste vom Frühstück durch die Küche oder brechen im Flur die Regale zusammen, weil sich Leo hineingestellt hat. Einmal trete ich abends vor den Badspiegel und schrecke förmlich zurück vor dieser Fratze, die mir da entgegenblickt. Geschwollene Lider, ausgetrocknete, fahle Haut, dunkel umrandete Augen. Das bin ich? Gratulation: Den Schockeffekt hätte Hitchcock nicht besser hinbekommen.

Neulich stakst unsere Nachbarin mit Tochter Anna im Arm an mir vorbei. »He, heute so schick«, rufe ich anerkennend. Die Nachbarin trägt normalerweise Turnschuhe und Windjacke, heute jedoch schwarze Spangenschuhe und eine flotte Tunika. »Wo kommst du denn her?« – »Vom Spielplatz. Aber ich wollte mal was Schönes anziehen.« Sie schüttelt mehrere hundert Gramm Sand aus den Schuhen und macht sich auf den Weg, Mittagessen kochen.

Zeit zum Klamottenkaufen bleibt nicht, und Geld ist auch keines da. Vieles, was ich vor der Schwangerschaft trug, passt nicht mehr. Aber oho, da ist ja noch das schwarze, enganliegende Hemd, das ich mir mal exklusiv habe schneidern lassen, von Judith, einer aufstrebenden Jungdesignerin! Blöd nur, dass Judith mir gleich auf drei Partys nacheinander begegnet, die ich irgendwann einmal wieder besuche. Und sie sieht mich – immer im gleichen Hemd. Irgendwann bin ich mir nicht mehr so sicher, dass sie sich geschmeichelt fühlt, weil ich schon wieder ihre Klamotte trage. Und dann ist Judith auch noch der Typ Frau, der sich vor einer Verabredung eine geschlagene Stunde im Bad auffrisiert, mit Lockenstab und allem Pipapo. Ein Aufwand, den ich in meinen besten Singlezeiten nicht betrieben habe. Ich fühle mich lumpig. Dabei ist das hier gerade mein best of. Im ganz normalen Alltag stehen mein Mann und ich häufig in zerlöcherten Jeans und Trainingsjacke auf der Straße, und aus meinen abgetragenen Pedro-García-Lieblingsschuhen gucken inzwischen auch die Zehen raus.

Einmal erwischte ich mich, wie ich beim Penny in der Grabbelabteilung einen roten Wollpulli für 7,99 Euro rauszog. Er sah ganz passabel aus, allerdings waren nur noch Elefantengrößen da. Und dann schämte ich mich ein bisschen, denn ich weiß, dass es mir auch manchmal peinlich ist, wenn meine Mutter bei Humana Second Hand einkauft. Ich blickte an meiner zerschlissenen Hose herunter und hörte Mutti aus dem Off: »Liebes Kind, du kannst von mir aus rumlaufen, wie du willst, aber nicht mit kaputten Klamotten!« Ich hatte jetzt ein ganz mieses Gefühl im Bauch. Aus meinem Einkaufswagen schauten ein Kind und die Maxipackung Windeln, Breigläschen und Ersatzmilch heraus. Verwirrt trollte ich mich in Richtung Kasse – den Pulli habe ich liegengelassen.

Die Speisung der vier

Ein Leben mit Stil scheint endgültig vorbei zu sein, auch beim Essen. Ich habe mal das Buch einer französischen Autorin gelesen, in dem sich eine Frau nach und nach in ein Schwein verwandelt. Mir geht es ähnlich. Ich und meine Familie, wir sind so eine richtige Schweinefamilie geworden. Habe ich einst mit meinem Mann noch abendliche Kocharien veranstaltet und das Festmahl dann gemütlich bei Kerzen und einem guten Film verspeist, geht es jetzt nur noch um die rasche, kostensparende und einigermaßen nahrhafte Fütterung von vier hungrigen Mäulern. Wobei wir Eltern eigentlich immer zu kurz kommen. Wir rennen die ganze Zeit um den Tisch und versuchen das Schlimmste zu verhindern. Kein Wunder, dass mich mein bester Freund neulich sorgenvoll ermahnt hat: »Es ist noch nicht wirklich bedenklich, aber ich sag's dir trotzdem: Du wirst echt immer dünner!« Oft bin ich nach dem offiziellen Teil noch so hungrig, dass ich ein zweites Mal in die Küche zurückkehre, um jetzt aber mal in Ruhe einen Happen zu mir zu nehmen. Doch selbst mein Mann fällt mir in den Rücken. »Bitte«, macht er sich lustig. »Brat du dir noch in Ruhe dein Boeuf Stroganoff. Wir anderen spielen schon mal 'ne Runde.«

Im Regelfall läuft das Abendbrot so ab: Ich komme in die Küche, um den Tisch zu decken. Beide Jungs sitzen schon mit gigantischen Käsescheiben da, die sie sich selbst aus der Plastikfolie gepult haben. Die werden fein säuberlich zerlegt, und mit den Resten wird Auto gespielt. Beim Essen schlägt mir der Kleine mit der flachen Hand so heftig auf den Tellerrand, dass mir die Salami um die Ohren fliegt. Der Große steht fortwährend von seinem Hochstuhl auf, um an irgendetwas zu gelangen, was am anderen Ende des Tisches liegt. Dabei fällt regelmäßig der Trinkbecher um. Den grünen Tomatenstrunk, den ich zuvor noch fein säuberlich entfernt habe, steckt er sich grinsend in den Mund, dann rennt er aus der Küche, um sich kichernd in der Flurecke zu verstecken. Die mehrfache Ermahnung, das unreife Zeug jetzt bitte sofort auszuspucken, beantwortet er mit einem Furz. Mein Mann fegt inzwischen wortlos die Brotkrümel unter den Tisch.

Zurück zum bürgerlichen Tisch!

Die Kinder quaken so laut durcheinander, dass von einer gepflegten Unterhaltung unsererseits nicht die Rede sein kann. Ständig brüllen mein Mann und ich: »WAS«?! über den Tisch, während der Große befiehlt: »Nicht sprechen!« Aus purer Lust herumzukommandieren, vermutlich. Esskultur sieht anders aus. Dabei liest man dauernd und überall in diesen Erziehungsratgebern: »Achten sie auf einen schön gedeckten Tisch. Auch das Kinderauge isst mit.« Oder: »Der Esstisch ist der wichtigste Ort für den alltäglichen Austausch.« Und die Ausführungen des dänischen Familientherapeuten Jesper Juul geben einem dann den Rest. »Die Art und Weise, wie sich dem Essen gewidmet wird, die Atmosphäre bei Tisch, die Nähe und Distanz der einzelnen Familienmitglieder, all das bringt unmittelbar zum Ausdruck, wie es um die Seele einer Familie bestellt ist«, doziert er. Gut, denke ich mir trotzig. Wenn das so ist – dann beginnt eben hier an diesem Tisch mit Pauken und Trompeten der Untergang des Abendlandes.

Mit einer harmonischen häuslichen Tafelrunde kann unsere Kollektivspeisung jedenfalls nicht mithalten. Also doch von den Alten lernen. In einer französischen Abhandlung zum Savoirvivre vom Beginn des 20. Jahrhunderts ist zu lesen, dass eine lebhafte Konversation nicht statthaft sei. Die Kinder hätten kerzengrade zu sitzen, das Haar gescheitelt, die Hände auf dem Tisch. Wer etwas sagen wolle, müsse um Erlaubnis bitten. Das wäre doch mal was! Wir sollten bei uns auch so ein Terrorregime einführen. Es kann nur besser werden. Denn, so die Franzosen: Von der Tischkultur »hängt das Glück des Hauses ab«. Goldene Worte!

Als mein Süßer und ich neulich einmal einen Abend zu zweit haben und etwas müde über unserer frisch zubereiteten Zitronensoßen-Pasta sitzen, fährt er mich an: »Sag mal, das ist ja total eklig. Seit wann schlürfst du denn die Spaghetti so in dich rein?« Leicht fatalistisch blicke ich auf und lege die Gabel hin. »Heißt das, du meinst, ich esse wie ein Schwein?«, frage ich. »Na ja, mehr so wie die Kinder. Nenn es, wie du willst«, entgegnet er etwas resigniert. Das Schlimmste: Ich habe es überhaupt nicht gemerkt. Ich habe nur gedacht: »Ah, lecker Essen!« Und dann rein damit.

Das alte und das neue Leben   *Thomas*

Natürlich hatten die Freunde nach der Geburt alle pflichtschuldigst ihre Glückwünsche abgesondert. Danach gingen sie wieder zur Tagesordnung über. Das ist verständlich, ihnen fehlt da jede Empathie. Und frische Eltern sind ja auch eine Plage der Zivilisation. Sie schicken Fotos von ihren Neugeborenen an alle, die sie auch nur flüchtigst kennen. Babys sehen nach der Geburt immer aus wie zerknautschte, von Außerirdischen genetisch manipulierte Kröten oder Ochsenfrösche. David Lynch hat das ganz gut in seinem frühen Film *Eraserhead* getroffen. Nur die Erzeuger dieser Wesen können sie allen Ernstes für niedlich halten. Sollte man meinen.

Allerdings setzt dann eine Verlogenheit zweiten Grades ein, die noch schlimmer ist: Die Eltern stellen ihre Babybilder bei Flickr oder Facebook ins Netz, und da gibt es ja stets diese Kommentierfunktion. Deshalb findet man direkt unter den Porträts der verknödelten Homunculi immer Verzückungsschreie wie »ach, was für ein Engel« oder gern auch »süüüüüüüüüüüß«. Die Urheber dieses Gesülzes sind grundsätzlich Frauen. Wahrscheinlich bereiten sie sich so innerlich auf ihre eigene Mutterschaft vor. Und womöglich ist ihre Mitfreude besonders groß, weil sie ja selbst nicht ranmüssen, weil sie insgeheim hoffen und wissen, dass noch diverse durchfeierte und durchvögelte Jahre vor ihnen liegen. Diese Schweine!

Mit Männern ist man eine ganze brutale Ebene näher an der Ehrlichkeit. Das wurde mir mal wieder bewusst, als ich Freunden von der bevorstehenden Vaterschaft erzählte. Frank, ein Party-Philosoph, der gerade Professor geworden ist und ein Techtelmechtel mit einer Studentin angefangen hat, meinte bloß: »Ach, wie romantisch.« Anschließend ging er zu wichtigeren Fragen über, etwa, in welche Kneipe man noch gut gehen könne. Die meisten anderen reagierten ähnlich. Lediglich Markus gab sich gerührt. Der Einzige meiner Freunde, der nun wirklich nichts von einem Softie hat. Er boxt, geht hin und wieder in den Puff, schlägt sich manchmal in Kneipen, ist heimlicher Schwulenfeind und behandelt Frauen wie Sexobjekte. Ausgerechnet dieser Mann also umarmte mich, war ehrlich sprachlos und freute sich wie ein Kind. Nach der Geburt schickte er mir eine SMS, voll mit Yeah! und Endlich! und Ähnlichem.

Verschwunden war freilich auch er, als es dann zum Alltag gehörte, dass ich nun eben Kinder habe. Nachher sind sie alle weg. Die Leute helfen gern, wenn du ein Bein in Gips hast. Aber bei Kindern? Da stehst du allein auf weiter Flur.

Die Schöne muss gehen

Ich gehe mit ein paar Freunden in eine dunkle, von weißgrauen Design-Sofa-Wülsten durchzogene Bar. Eigentlich war ich nur zum Essen verabredet, hinterher wurde ich dann noch mitgezerrt. Da sitze ich also, trinke ein Bier, die anderen schlürfen Cocktails, eine entspannte Runde. Irgendwann kommt eine fremde Frau vom Nebentisch rüber, setzt sich links neben mich, lächelt hübsch und bittet um Feuer für ihre Zigarette. Sie hat einen blonden, akkurat geschnittenen Pagenkopf, ein feines Gesicht und trägt einen perfekt, wirklich perfekt sitzenden Trenchcoat, der komplett geschlossen und zugeknöpft ist. Ich bin ja oft schwer von Begriff, hier aber ist mir klar, dass sie mich kennenlernen will. Mindestens. Hier geht es jedenfalls nicht nur um mein Feuerzeug. Nachdem ihre Kippe längst brennt, sitzt sie immer noch da und sieht mich erwartungsvoll an. Wow, denke ich, so was kommt ja selten genug vor, und überlege, was ich nun damit anfange. Wir plaudern also, über die Musik, die gerade läuft. Hatte ich schon erwähnt, dass die Dame phantastisch aussieht?

Leider komme ich mit meinen Überlegungen nicht einmal bis zum Ende. Denn ich habe mit der Frau – inzwischen weiß ich, dass sie Melanie heißt – gerade mal ein paar Sätze gewechselt, als sich Judith, die Modedesignerin, über den Tisch beugt und die schöne Fremde anpfeift: »Nichts zu holen hier, der ist verheiratet und hat sogar zwei kleine Kinder.« Herzlichen Dank auch. Natürlich verschwindet die Unbekannte darauf tatsächlich, und zwar mit einer so tödlichen Eleganz, als hätte sie ohnehin nichts anderes vorgehabt.

Da sitzen sie mir also gegenüber, meine sogenannten Freunde. Eine Lifestyle-Fotografin, die etwa wöchentlich eine neue Beziehung hat. Ein Steward einer exotischen Fluglinie, der jede Nacht woanders auf der Welt durchfeiert. Eine ehrgeizige, international erfolgreiche Modefrau, die einen Teil des Jahres in L. A. lebt. Und ein studentischer Hallodri, der praktisch nie vor 15 Uhr aufsteht. Der Inbegriff der Zügellosigkeit an meinem Tisch. Und ausgerechnet diese Bande vergrault mir eine wirklich heiße Frau, die sich für mich interessiert. Warum das so ist? Offenbar muss ich als Stellvertreter für meine verkommenen Freunde den Moral-Watschenmann geben. Weil ich »der mit den Kindern« bin, sehen sie in mir auch den Clown, der sich an all die Regeln halten soll, die normalerweise nur dafür da sind, gebrochen zu werden: ob es Sex, Rauschmittel oder andere Überraschungen betrifft. Auf ein autonomes Leben habe ich ja eh schon verzichtet. Seit ich Vater bin, sehen mich die Menschen mit anderen Augen. Ich bin für sie ein Klosterbruder, gehöre nicht mehr dazu. Ich werde ein bisschen geachtet, in den meisten Dingen aber nicht ernst genommen.

Darauf könnte man sich ja einstellen. Ärgerlich ist nur, dass mich dieser Irrsinn auch zu Hause ereilt. Dort sitze ich am nächsten Tag mit Kind und Klötzen auf dem Teppich, meine Frau steht dabei, erzählt gerade irgendeine Anekdote und hält mir plötzlich geistesabwesend einen Schnuller hin. Sie redet einfach weiter, jetzt über die Abendplanung der Woche, gleichzeitig wischt sie dem nörgeligen Kleinen ein paar Keksreste vom Bein. Vor mir schwebt bedrohlich der Gumminippel. Bis meine Frau irgendwann ärgerlich faucht, weil das Kind immer noch schreit und den Schnuller nicht nimmt. Ich bin's, dein lieber Mann, das Baby sitzt auf der anderen Seite, möchte ich noch einwenden, doch dann schnappe ich einfach zu und kaue auf dem Kautschuk herum. Er schmeckt klebrig, weich – so etwas sollte ein erwachsener Mann nur im Irrenhaus oder beim Karate auf seinen Zähnen spüren. Es dauert noch ewige Sekunden, bis der Irrtum endlich mal bemerkt wird. Leo gluckst, meine Frau lacht, ich lasse mich davon anstecken. Aber eigentlich bin ich ratlos. So tief wollte ich nicht sinken.

Aliens im Park

»Ich wollte endlich mal wieder neue Leute kennenlernen – also hab ich halt welche gezeugt.« Das sage ich manchmal, wenn Bekannte mich fragen, ob die Kinder gewollt waren und warum denn bloß. Meistens haben sie dann erst mal eine Weile an dem Satz zu knabbern und lassen mich in Ruhe. Aber ehrlich gesagt, bin ich selbst mit meiner Umstellung noch lange nicht fertig. Neue Leute da, alte Leute weg. Überhaupt muss ich mich an vieles gewöhnen und wandere manchmal gedankenverloren durch die Stadt. Am Nachmittag ist meine Restfamilie beim PEKiP, einem Kurs, in dem aus Krabbeln eine Wissenschaft gemacht wird. Ich sitze also in einem kleinen Park und tue für eine Stunde so, als wäre ich doch noch ein freier Müßiggänger. Die Sonne scheint, und ich schaue auf ein Blumenrondell, um das ein mit Büschen gesäumter Weg führt. Es ist ruhig, niemand da außer einem Gammler, der auf einem kleinen Rasenstück schläft. Eine richtige kleine urbane Idylle.

Erst wenn man selbst Kinder hat, also »im Thema« ist, sieht man überall die Kinderwagen der anderen, die kleinen versteckten Spielplätze, die Aushänge für Babykurse. Deswegen bemerke ich nun auch vieles, das mir vorher gar nicht bewusst war. Aber nun passiert etwas, das mir den Atem verschlägt. Denn während ich hier vermeintlich einsam sitze und über das alte und das neue Leben nachdenke, da fährt Letzteres plötzlich langsam und ruckelnd von links nach rechts durch mein Blickfeld. Ein kleines Mädchen, soweit ich beurteilen kann, noch kein Jahr alt, das an einer knallgelben Konsole steht, einer absurden Kreuzung aus Gehfrei-Rentnergestell und Japan-Plastikspielzeug. Das Gefährt macht piepende Geräusche wie ein kaputtes Handy von irgendwelchen Außerirdischen. Das Kind hängt in dem Apparat an breiten Gurten, mit Hilfe des Gestells kann es quasi gehen, obwohl es dazu sicher sonst noch nicht in der Lage wäre. Die Kleine schaut mich an, schenkt mir ein breites Grinsen aus einem Mund mit genau zwei knallweißen unteren Schneidezähnen und zuckelt vorbei. Die Eltern dieses futuristischen Kindes sitzen wohl hinter der Hecke und weiden sich an meiner Verblüffung. Wenn man als Vater so etwas erlebt, braucht man eigentlich kein LSD mehr auszuprobieren.

II Der äußere Kampf
Deutschland ist kein Kinderland

Nacktkrabbeln im Babykurs *Julia*

Leo ist knallrot im Gesicht. Mit zerzausten Haaren steht er in seinem Gitterbettchen und guckt mich an. Rote Flecken ziehen sich von der Stirn bis zum Hals. Ich kriege Panik und fahre mit ihm zur Kinderärztin. Die packt routiniert sein kleines Gesichtchen, dreht es im Deckenlicht hin und her und fragt mit einem Blick über den Brillenrand hinweg: »Was haben Sie denn da gemacht?« Es hilft nichts, ich muss die Wahrheit sagen. »Mein Baby hat sich in Brokkoli gewälzt«, nuschele ich. »Im PEKiP-Kurs.«

Als Leo zehn Monate alt ist, gehe ich mit ihm das erste Mal zu einem dieser Treffen. Man findet dieses Angebot im ganzen Viertel, es ist leicht, da hineinzugeraten. Und es gibt wenige Eltern, die es nicht wenigstens einmal mit ihrem Baby ausprobiert hätten. PEKiP, das ist die Abkürzung von Prager Eltern-Kind-Programm, hatte ich mich aufklären lassen. Das klang wie großes Kino, Prager Fenstersturz kannte ich. Es hätte auch eine ganz normale »Krabbelgruppe« sein können, aber das wäre natürlich nicht so spannend gewesen. Beim PEKiP zieht man die Kleinen aus Prinzip nackt aus, damit sie sich freier bewegen können, hatte ich gehört. Ich bin bereit für ein Abenteuer. Also los!

Beim ersten Termin lege ich mich, kaum dass ich mein Kind ausgezogen habe, auf ein rotes flauschiges Kissen in der Ecke und lasse den Kleinen krabbeln. Ich blicke in die Runde: Zwischen Maurice, Luis, Lilly, Jakob, Jona, Leander und Maja-Luise, die fröhlich am Boden herumwuseln oder sich glucksend vom

Der äußere Kampf

Rücken auf den Bauch und wieder zurückdrehen, sitzen ausschließlich Mütter. Kein Vater, nirgends. Auf den Spielplätzen und in der Kita lassen sich die Männer ja noch blicken, bei den Babykursen ist die Hemmschwelle wohl zu hoch. Der Kursraum verbreitet diese wabernde Wohlfühlatmosphäre, die man auch in Gymnastikräumen von Geburtshäusern vorfindet. Alles changiert farblich zwischen gelb und rot, die Wände sind in Wischtechnik bemalt, und überall liegen Fellmatten und anderes weiche Zeug herum. Eine Insel der Seligen. Und wie geschaffen für allzeit bereite Eltern, die sich einmal für ein paar Minuten ausklinken wollen. Irgendwann merke ich, dass es seltsam still um mich herum geworden ist, und schrecke auf. Ich bin tatsächlich eingenickt und von meinem eigenen Schnarchen aufgewacht, unter den missbilligenden Blicken der anderen. Mein Sohn wälzt sich gerade splitternackt in kleingemanschtem Brokkoli, den die PEKiP-Tante auf einer Plastikdecke verteilt hat. »So ein Eins-zu-eins-Körperkontakt mit dem weichen Material ist ganz toll für die Kleinen«, säuselt sie in die Runde.

Bei Termin Nummer zwei geht es ans Eingemachte. Die PEKiP-Tante sitzt im Schneidersitz, grinst verständnisvoll und macht einen Vorschlag: »Heute wollen wir mal ein bisschen reden über das, was euch Frauen jetzt so nach der Geburt bewegt.« O nein. Wie ich diese Mitmachspiele hasse! Aus einem Körbchen zaubert sie einen Stein und eine Feder. Der Stein kommt in die rechte, die Feder in die linke Hand. Mir schwant Böses. »Also, wie ihr seht, habe ich hier einen Stein – schweeer.« Als hätten wir das immer noch nicht kapiert, lässt sie ihre rechte Hand theatralisch nach unten sinken. »Und hier eine Feder – leicht.« Die Hand schnellt nach oben, natürlich. »Ich gebe beides herum, und wer mag, kann den Stein oder die Feder nehmen und erzählen, was sie zur Zeit bedrückt oder aber glücklich macht. Barbara, magst du anfangen?« Ich habe da urplötzlich so einen trockenen, schalen

Geschmack im Mund und überlege, kurz aufzustehen und auf dem Klo einen Schluck Wasser zu trinken. Ich lasse es dann aber doch, weil ich denke, so was unglaublich Doofes muss man sich doch mal ansehen. Ich werde das sowieso boykottieren, nein, ich werde nichts sagen, auf gar keinen Fall. Demonstrativ verschränke ich die Arme und lehne mich ein wenig zurück. Barbara nimmt den Stein, wiegt ihn einige Sekunden in ihren Händen und bricht dann in Tränen aus. Die Frauen gucken betroffen. »Barbara, was ist denn los?« Die PEKiP-Tante nimmt sie in den Arm. »Erzähl mal!« Und so erzählt sie, wie sehr sie fürchtet, als Mutter zu versagen, wie überfordert sie manchmal ist und dass sie in drei Monaten Examen hat und überhaupt nicht weiß, wie sie das alles schaffen soll. Klar, das kenne ich. Sie schlafe ja noch nicht mal durch. Das kenne ich auch. Die Tränen wollen gar nicht aufhören zu rollen, und ich denke: Da hat sie ja jetzt was losgetreten. Der kleine Jona pupst geräuschvoll, Maja-Luise solidarisiert sich mit ihrer aufgelösten Mama und fängt ebenfalls an zu weinen. Barbara reißt sich zusammen, schneuzt einmal kräftig und packt dann hektisch ihre fleischige Brust aus, um Maja-Luise anzulegen.

Beim Rausgehen sage ich, mein Kind habe das letzte Mal eine allergische Reaktion von dem Brokkoli bekommen, und ich wolle das lieber nicht mehr wiederholen. »Keine Angst«, sagt die Tante lächelnd. »Nächste Woche nehmen wir Kartoffelpüree.«

Um noch mal auf den Brokkoli zurückzukommen: Ich habe nichts Grundsätzliches gegen solche Aktionen. Im Gegenteil. Als Kunstperformance wäre das wundervoll gewesen. Das haben schon andere vorgemacht: Zum Beispiel der französische Künstler und Judoka Yves Klein. Der bepinselte in den Sechzigern seine Models erst mit blauer Farbe und rollte sie hinterher auf Papierbahnen umher. Uns aber wird hier weisgemacht, dass es ein eklatanter Unterschied für die frühkindliche Entwicklung sei, ob sich das Baby in Kohlgemüse oder Bataten wälzt. Man kommt uns mit Steinen und Federn, um unsere gebeutelte Seele zu erleichtern. Das ist allerhöchstens Kunsthandwerk für ganz Arme.

Kurse für Babys und Kleinkinder können schön sein, sind aber nicht zwingend notwendig. Diese Einsicht ist uns anscheinend abhandengekommen. Heute muss man einfach irgendwelche Kurse besuchen, weil man sonst schnell das Gefühl bekommt, das Kind verpasst etwas, wird asozial, bleibt hinter seinen intellektuellen und motorischen Möglichkeiten zurück. Denn alle, wirklich alle um einen herum machen irgendwas. Es gibt Babymassage, Musikgruppen, kreativen Kindertanz, Schwimmen. Eine ganze therapeutische Industrie hat sich auf Eltern ausgerichtet, die nur das Beste für sich und ihr Kind wollen. Da gibt es Tanzmeditation für junge Mütter, die ihre innere Balance wiederfinden wollen, oder »Wohlfühlabende im Zwergenland«. Haufenweise Schnupperkurse und Kennenlernnachmittage. Elternschulen und Seminare, in denen die Erzeuger lernen, wie sie ihr Kind am besten tragen. Auch fürs Hirn wird einiges angeboten: Die unter Einjährigen lernen eine speziell für sie erarbeitete Gebärdensprache – weil laut einer neuen Theorie sich auch schon das Kleinstkind semantisch verständigen will. In Kitas oder Sprachkursen wird Zweisprachigkeit vermittelt. Ohne dass ein familiärer Bezug zum Sprachraum besteht. »Wir schicken Georg in eine deutsch-chinesische Kita«, höre ich auf dem Spielplatz. In einem Café beobachte ich eine Mutter, die mit ihrem Kind englisch redet – mit mörderischem Akzent: »Duh juh schtill wonnt fromm se kuki?«

Müsste sie das nicht schon längst können?

In diesem Durcheinander auf mich einprasselnder Angebote lande ich sogar einmal in einem ganz guten Kurs. Miriam, die Lehrerin, macht auf mich einen vielversprechenden Eindruck. Sie hat große braune Augen und schneewittchenhaft langes Haar, macht beim Sprechen lange Pausen und ist überhaupt eher ein ruhiger, abwartender Typ. Miriam lässt die Kinder erst mal machen, beobachtet sie dabei sehr genau, und berührt sie dann sanft an der Hüfte oder der Schulter. Mehr nicht. Mir kommt jeder ihrer gezielten Handgriffe schlüssig vor, und Leo reagiert meist sofort mit einer neuen Bewegung oder auch einfach nur mit einem entspannten Lächeln. Ich freue mich.

Allerdings jammert bald darauf der einzige Mann in der Runde, Paul, ohne Unterlass über seine Tochter, die quengelnd vor ihm liegt. Alles findet er problematisch. Seiner Meinung nach braucht sie zu lange, um sich vom Bauch auf den Rücken zu drehen. Pauls Standardsatz: »Müsste sie das nicht schon längst können?« Außerdem missfällt ihm ihr Äußeres. Er stöhnt: »Lisa hat einen platten Hinterkopf. Was soll ich nur machen? Wir drehen sie nachts schon alle drei Stunden auf den Bauch, aber sie will einfach nicht so liegen bleiben.« Ich gucke mir Paul genau an. Er hat nicht nur eine phänomenale Hakennase, sondern auch eine flache Birne. Er könnte Klein-Lisa wohl auch im Halbstundentakt drehen, an der Lagerung liegt es jedenfalls nicht. Arme Lisa. Wahrscheinlich wäre sie ein ganz entspanntes Wesen, wenn ihr Papa sie so nehmen würde, wie sie ist.

Ich beschließe, nur noch Kurse nach dem Entwicklungskonzept der Kinderärztin Emmi Pikler zu besuchen. Die Idee ist so einfach wie überzeugend: Die Kinder werden in den Ring geworfen und sollen sich ohne störende Einflussnahme mal eine Stunde selbst beschäftigen. Noch Fragen?

Ich vermute, Emmi Pikler ist eine schlaue Erfindung junger Eltern. Damit sie unter dem Deckmäntelchen eines Frühförderkurses etwas Schlaf nachholen können. Und auch ein Baby ist, glaube ich, froh, wenn seine stolzen Eltern einfach mal die Klappe halten.

Väter: Männer auf verlorenem Posten

Thomas

Nicht jede Intimität würde ein Journalist gleich mit einem Offenbarungsartikel würdigen. Bei sehr vielen Themen würde man eher sagen: Behalt deine Befindlichkeiten für dich!

Wenn einem allerdings die Frau Nachwuchs gebiert, gibt es kein Halten mehr. In der *Süddeutschen* schreibt Georg Diez über das Leben mit seiner gerade geborenen Tochter. Er stellt fest: »Ich öffnete die Tür – und war Vater. Das klingt jetzt etwas kitschig, ist aber so gemeint.« Danach beschreibt er seinen »Hamstertrieb« beim Großeinkauf für die Familie. Und dann folgt noch ein Satz wie ein Heimatfilm: »Es ist, wie es ist. Und es ist gut so.« Vom »größten Wunder, das Menschen vollbringen können«, schreibt Eberhard Rathgeb in seinem Buch über die Vaterliebe und von den zwei Menschen, »die ein Paar werden und sich immer wieder paaren«. Yeah! Und selbst Kester Schlenz, *stern*-Redakteur und der Don unter den Vaterbuchautoren, fragt: »Was ist die deutsche Wiedervereinigung gegen ein zweites Kind?«

All diese Autoren haben einen tadellosen Ruf. Umso drängender daher die Frage: Was ficht sie an, was ist da los, mit unserer Zeit und unserer Gesellschaft? Warum der salbungsvolle Duktus bei gerade diesem Thema? Warum erhebt niemand Einspruch, warum findet man das normal? Ich selbst habe auch mal geweint, als ich die niedliche, klitzekleine Jeansjacke meines lieben Sohnes in den Schrank räumte. Puh! Aber das behält man doch für sich, das hängt man doch nicht an die große Glocke.

Manchmal wird behauptet, dass die Gesellschaft heute ganz besonders auf der Suche sei und dass deswegen das Interesse an wertkonservativen Ausdrucksformen wie der Religion erstarke. Und an Familie natürlich auch. Ich glaube aber, dass es noch eine Stufe überdrehter ist: Wenn die Leute ehrlich sind (also nach dem dritten Bier oder wenn man sie auf der Straße überrascht und zur Rede stellt), will kein Mensch neue Werte. Es reicht ja, wenn viele glauben, dass alle anderen die suchen. Die Medienmaschine läuft dann heiß und produziert Dinge wie die oben zitierten Väterbücher. Sie sind nicht unbedingt aus dem echten Gefühl heraus geboren, und sie werden von Menschen gelesen, die nur mal gefahrlos bei etwas Existenziellem Zaungast sein wollen. Nur so lässt sich erklären, wie schnell solche Trends auch wieder tot und vergessen sind: Eigentlich hat niemand ein tieferes Interesse daran gehabt. Man hat nur mal eine Zeitlang mitgespielt.

Du musst dich selbst aufgeben

Aber Vaterwerden passt leider nicht in diesen Diskurszirkus. Denn es fordert rückhaltlosen Einsatz, das wurde mir schnell klar. Du musst dich selbst aufgeben. Dieser Satz ist ein Klassiker des Mystizismus. Im *Bushido* etwa, dem *Weg des Kriegers*, diesem altjapanischen Ehrenkodex, geht es um bedingungslose Unterwerfung unter den Fürsten und die Auslöschung des Selbst. Bei Meister Eckhart, dem großen Denker und Prediger des Mittelalters, ist es auch so: »Wir müssen dahin kommen, dass wir nichts sind.« Und in der Bibel sowieso: »Wer mir nachfolgen will, der verleugne sich selbst«, heißt es in Matthäus 16, 24. Für uns Heutige ist das alles natürlich Unsinn. Keiner von uns egozentrischen Nachkommen des Bürgertums kann sich selbst verleugnen, denn unser Weltbild besteht ja gerade darin, dass wir im Mittelpunkt stehen.

Jetzt kommt aber der Clou: Die hohe Schule der Weisen, das eigene Ego fahrenzulassen und sich selbst ganz zu verlieren, wird nun aber auch dir noch zuteil werden, mein Freund. Und zwar ganz ohne Meditation und innere Einkehr. Du musst einfach nur zwei bis drei Kinder in die Welt setzen. Dann ist es aus mit der Eitelkeit, denn es gibt keinen Raum mehr für das eigene Ego. Toll!

Bei der Arbeit habe ich meine Stelle halbiert, um mehr mit den Kindern zusammen zu sein, mit meiner Frau ein Beziehungsleben zu behalten und mich richtig auf die Familie einzulassen. Die Folge ist, dass mich plötzlich keiner mehr ernst nimmt. Du bist als Mann unsichtbar, wenn du nicht voll auf Karriere setzt. Zwar machen fast alle Kollegen zwei Monate Elternzeit und verabschieden sich davor breit grinsend mit einem Sekt im Konferenzraum. Aber ernsthaft an der Erziehung teilnehmen, dem ganzen nervigen Alltag? Nein, danke. Zwei Monate Elternzeit sind natürlich ein netter langer Urlaub. Da sind die anderen womöglich sogar neidisch. Und kein Chef würde sich trauen zu sagen: Du spinnst ja wohl!

Auf lange Sicht aber bleibt alles beim Alten. Dabei ist doch längst klar, dass das klassische Arbeitsmodell in die Sackgasse führt. Meine Frau hat die Möglichkeit, dass ich wie ein typischer Bürohengst Vollzeit arbeite und sie wie eine typische Hausfrau gar nicht, immer mit dem Satz kommentiert: »Wir würden uns nach spätestens einem Jahr trennen.«

Ich werde also ein Papa, und zwar im Ernst. Wenn, dann richtig, denke ich mir, alles andere kommt nicht in Frage. Wenn der Tag schon wieder ungenutzt durchgerast ist bis zu dem Moment, da der Kleine aus der Kita muss, ziehe ich meine Lederjacke an und blicke noch einmal in den Spiegel. Der Mensch schaut sich ja gern mal an. Ich sehe eine struppige Frisur (unfreiwilliges Vorbild: der verrückte Nachbar Kramer aus der Serie *Seinfeld*), ein unrasiertes Kinn, dicke, dunkle Augenringe und eben diese echt coole Jacke. Die habe ich mal in New York gekauft, als ich dort zwei grandiose Monate mit meinem Freund Martin abhing: Tagsüber schrieb ich mit ihm eine Komödie, nachts probierten wir alle Bars im East Village aus. Ich sah eines Tages also die Jacke, hatte aber kein Geld und rief ihn an. Er musste nachmittags aufstehen und verkatert zu mir nach Midtown kommen, um sie mit seiner Kreditkarte zu bezahlen. Was wir dann gleich ausführlich begossen haben in diesem großartigen Sommer … Aber Moment, bevor ich mich jetzt in Nostalgie verliere, es gibt ja keinen Grund mehr, sich an die herrlichen Zeiten der Freiheit zu erinnern. Denn die sind passé.

Verlierer der Gesellschaft

Also, los in die Kita. Von den anderen Vätern kommen natürlich auch manchmal welche. Im Anzug, Freitagnachmittag nach der Arbeit. Sie zeigen sich kurz und holen das Kind ab. »Finja, wo sind denn deine Hausschuhe?« Die Typen wissen nicht mal genau, wo was im Fach liegt. Außer mir gibt es nur einen anderen Vater, der oft kommt. Der hat wahrscheinlich eine Frau, die im höheren Management arbeitet. Ich glaube, er heißt Frank, er fährt immer mit so einem Öko-Fahrrad, das vorn einen großen Kasten eingebaut hat, in dem die Kinder sitzen können. Es ist rosa! Bestimmt ist der Typ okay, ich habe aber noch nie mit ihm geredet. Wenn wir uns begegnen, senken wir den Blick und schlurfen hastig aneinander vorbei. Das ist doch klar – wir erkennen uns als Verlierer der Gesellschaft. Unter Straßenpennern gibt es ja auch keine Freundschaften. Gerade weil sie im anderen auch sich selbst erkennen, meiden sie einander.

Heute hilft dir übrigens auch der Staat nicht viel. Nur dort, wo früher mal DDR war, gibt es Kitas für die ganz Kleinen. Der Westen macht keine Anstalten, nachzuziehen. In Darmstadt, München oder Schleswig kannst du dein Kind drei Jahre lang nicht mal für ein paar Stunden am Tag gut betreuen lassen. Wenn du kein Geld hast. Und bevor Ministerin von der Leyen kam, gab es für nicht so wohlhabende Menschen (wie mich) – also für diejenigen, die Unterstützung wirklich brauchen – zwei Jahre lang 300 Euro Erziehungsgeld. Seit ihrer viel bejubelten Reform gibt es für arme Familien nur noch zwölf Monate lang 300 Euro. Also halb so viel. Danke! Dafür bekommen Gutverdiener jeden Monat 1800 Euro. Natürlich kenne ich einige von denen. Sind ja auch oft reizende Leute. Sie leisten sich von der Kohle einen schönen Urlaub, fahren mit dem Kind ans Mittelmeer oder sogar nach Fernost. Es geht jetzt nicht darum, auf Sozialneid zu machen oder die Hand aufhalten zu wollen. Aber – gründest du einen Speditionsfuhrpark, wirst du kräftig gefördert. Gründest du eine Familie, passiert wenig. Dabei sollte das neue Gesetz doch angeblich Familien helfen. Die Förderung wird kürzer, du sollst also schneller zurück in den Beruf. Schon eigenartig, wenn man ein bisschen bei den Kindern bleiben will. Jedenfalls wenn man nicht »entweder Kind oder Karriere« will, sondern etwas Schlaues, das beides erlaubt.

Die klassischen Arbeitsmodelle sind mit einer glücklichen, coolen Familie unvereinbar. Das ist bitter, aber man muss damit leben. Ursula von der Leyen, die als große Reformatorin kam, stellte sich immer als Familienfreundin dar. *Spiegel Online* hat gleich sechs Lügen über das Elterngeld entlarvt – es ist keineswegs steuerfrei, es läuft eigentlich nur zehn Monate, weil der Mutterschutz schon zwei von den zwölf Monaten frisst, und die Vergabe ist äußerst bürokratisch. Da kann man schon politikverdrossen werden. Letztlich sind wir auf uns gestellt. Als Männer sowieso. Bist du Papa (und lässt dich drauf ein), lebst du erst einmal im Untergrund. Die Gesellschaft vergisst dich. Kann ja auch mal ganz angenehm sein. Muss man sich aber ungeschminkt vor Augen führen.

Eine Bahnfahrt ist nicht lustig *Julia*

Eines vorweg: Urlaub mit Kindern ist kein Urlaub. Wenn mein Mann und ich uns erholen wollen, bringen wir die Kleinen zu ihren Großeltern und fahren allein los, nur wir zwei. Doch wer redet von Erholung?! Diesen Sommer haben wir selbstlos beschlossen, mal was zusammen zu unternehmen. In einem pädagogischen Anfall beschließen wir, Ferien auf dem Bauernhof zu machen und den kleinen Asphalttretern zu zeigen, wo die Milch im Müsli herkommt und aus welchem Popo das Frühstücksei.

Wir machen also Familienurlaub – in Deutschland, weil wir es ohnehin nervig und überflüssig finden, mit der Sippe weit zu reisen. Zweifellos klingt es lässig, wenn man mit dem Flugzeug drei Kontinente überquert, um in einem Pfahlbau am Wasser zu sitzen und mit einem Guru Kokablätter zu kauen. Aber mal ehrlich: Was soll ein Mensch mit Kindern in Thailand? Oder Neuseeland? Alles, was Kinder wollen, sind doch nur andere Kinder zum Spielen, ein bisschen Grün, Viehzeug, Dreck und Rumrennen. Und das bekommt man zur Not auch im schönen Pfaffenwinkel.

Zunächst geht es von Köln, wo wir Freunde besuchen, in Richtung Frankfurt, wo die Großeltern wohnen. Kein weiter Weg, doch die Fahrt kann lang werden, wenn mitten im Kinderabteil ein Rüpel in Stonewashed-Jeans und mit hochpomadisierter Schweinsteigerfrisur sitzt und in einer Mischung aus Ruhrpottdialekt und Türkendeutsch ununterbrochen in sein Handy grunzt. Wir fragen uns, warum er sich genau hierhin gesetzt hat, wo es doch im ganzen Zug genug freie Plätze gibt. Uns fällt nichts ein, außer: Das ist ein Autofahrer, der zum ersten Mal mit der Bahn reist und sich das Kinderabteil wegen seiner geräumigen Ausstattung ausgesucht hat. Wir sagen erst mal nichts dazu und lauschen den Geschichten von Mallorca, der Party gestern, und wie geil gekotzt wurde. Nach einer halben Stunde klingeln uns vor lauter »Ey, Alta, isch sach dir, dat war voll krass« die Ohren. Schließlich halten wir es nicht mehr aus und schlagen den Mann mit einer großangelegten Wickelaktion in die Flucht. Das ist immer noch die schärfste Waffe.

Dass nur wir und der Telefonierer im Abteil sitzen, grenzt allerdings an ein Wunder. Bei der Deutschen Bahn gibt es nämlich jeweils nur ein einziges Kinderabteil. Auf rund sechshundertfünfzig Plätze insgesamt kommen also sechs, die offiziell für Kinder und ihre Eltern freigehalten sind. Früher gab es in so einem Abteil noch ein Klettergerüst oder ein großes Memory-Spiel aus Plastik, heute gleicht es eher einem kleinen Konferenzraum, in dem man ein bisschen mehr Platz für die Füße hat. Das Kinderabteil ist meistens krachvoll. Gern rücken die Eltern zusammen, reichen Spielzeug und Kekse für alle und helfen einander. Nur Jungmütter und mit den Enkeln reisende Großeltern kommen hin und wieder unentspannt daher und insistieren: »Ich habe hier aber reserviert!« Doch wer schlau ist, weiß: Wir sitzen alle in einem Boot. Oft, etwa auf der Strecke Berlin – Frankfurt oder Hamburg – München, ist das Kinderabteil aber ein ganz normales Abteil, wo man draußen einfach ein entsprechendes Schild drangepappt hat. Das ist dann nicht mehr lustig.

Der Krampf mit dem Kinderabteil

Man geht da mit der Bahn ein grausames Abhängigkeitsverhältnis ein: Einerseits freut man sich, dass es einen Bereich gibt, der zur Kinderzone erklärt ist. Andererseits suggeriert einem die Maßnahme, dass die Kleinen im Rest des Zuges unerwünscht sind. So gesehen, ist das kein Komfort mehr, sondern ein Hinkefuß. Denn wenn wir einmal alle Bahn-Euphemismen wie »Dauer-Spezial-Familienangebot« außer Acht lassen, dann ist es doch einfach folgendermaßen: Die Erwachsenen werden mit einer Meute kleiner schreiender Irrer auf fünf Quadratmetern eingepfercht und dürfen für den Rest der Fahrt sehen, wie sie zurechtkommen. Draußen laufen währenddessen entspannte Fahrgäste mit dampfenden Kaffeebechern vom Restaurant her vorbei und grinsen neugierig hinein. Besonders gerne, wenn eine der Frauen stillt, sich ein Kind spontan auf den Sitz erbricht oder ein nackter Babypo zu sehen ist. So viel Körperlichkeit überfordert einige der blau-rot-bieder kostümierten Bahnangestellten. Bloß nicht um heißes Wasser für das Breichen bitten. Bloß nicht fragen, wo man volle Windeln hineinwirft und ob mal einer kurz auf das Baby aufpassen kann, während man auf die Toilette geht. Am liebsten den sperrigen Kinderwagen im Durchgang bei den Türen unsichtbar machen, der bei jedem Halt mühsam umhergerückt werden muss, um den Zusteigenden Platz zu machen. Da fühlt man sich als Eltern schon manchmal pervers und versteht, dass man mit seinen unruhigen Scheißern unter allen Umständen von den normalen Fahrgästen abgeschirmt werden muss. Schließlich haben alle hier viel Geld bezahlt und wollen ihre Ruhe.

Wir Eltern übrigens auch. Als Quinn kurz nach der Abfahrt auf dem Gang herumkrabbelt, kommt die Schaffnerin aus dem Personalabteil, stolpert fast und faucht mich an: »Können Sie den Kleinen da bitte mal wegnehmen?« Die Kollegen beschwichtigen:

»Na hör mal, das ist doch ein Kind.« Doch die Dame lässt sich nichts sagen. »Na, und wenn ich falle?«, blökt sie. »*Meine* Versicherung zahlt das nicht.« Den Rest der Fahrt drückt sich der nunmehr weggesperrte Quinn die Nase an der Abteiltür platt, guckt neidvoll den draußen vorbeispazierenden Leuten nach und – quengelt uns die Ohren voll.

Auf der Rückfahrt haben wir es trotz frühzeitiger Buchung mal wieder nicht geschafft, im Kinderabteil zu reservieren. Denn: Man kann auf der Website der DB oder am Automaten so ziemlich alles buchen, nur kein Kinderabteil. Mit Kind hat man wenig Zeit und ist nicht sehr mobil. Ich muss aber immer direkt zum Bahnhof und dort ins überfüllte Reisezentrum gehen, um Plätze zu sichern. Wir waren definitiv zu spät dran. Doch die Hoffnung stirbt zuletzt. Es könnte immerhin sein, dass die entsprechende Frühbucher-Familie den Zug verpasst. Wir versuchen unser Glück und stellen uns bis an die Zähne bewaffnet auf der Höhe von Wagen fünf auf. Mein Mann mit Wanderrucksack und zwei Taschen rechts und links an den Schultern, an der Hand Leo, der ebenfalls Rucksack trägt, außerdem seine Muschikatze, aktuelles und – leider – größtes Lieblingsstofftier. Ich mit Rucksack und dem Kinderwagen, darin der Kleine mit tief in die Stirn gezogenem Sonnenhütchen und Beruhigungskeks in der Hand. Mein Mann ruft nervös: »Alle hinter der weißen Linie bleiben, das ist hier *ganz* gefährlich!«

Der ICE rollt ein, und wir steigen mit entschlossenem Blick zu. Katastrophe! Das Abteil ist total überfüllt. Gut, dass wir zur Sicherheit noch woanders Plätze reserviert haben. Nur: Die liegen am entgegengesetzten Ende des Zuges. Und inzwischen sitzen schon überall Menschen mit Gepäck auf dem Boden, weil offenbar zu viele Karten verkauft oder zu wenig Waggons aneinandergehängt wurden. Der Versuch, mit dem Kinderwagen weiterzukommen, scheitert. Schon nach wenigen Metern verjüngt sich der Gang, und wir bleiben stecken. Vor und hinter uns Leute, die vorwärts drängen und jetzt arg ungehalten schnaufen. Wir schnallen also ab und arbeiten uns mit den Kindern auf dem Arm, das Gepäck auf den Schultern, Stück für Stück durch den Zug, klettern über im Weg abgestellte Koffer, drängen uns an brummelnden Fahrgästen vorbei. Bis zu unseren Plätzen. Quinn schreit und bäumt sich strampelnd in meinen Armen auf. Leo beschwert sich: »Das kefällt ma gaa nich!« Dann greift er sich in den Schritt. »Muss mal Pipi.«

Mein Mann auch. Kaum dass wir angekommen sind, verschwindet er kommentarlos in Richtung Toilette, und weil es Leo nicht mehr aushält, läuft er einfach hinterher. Ich, allein gelassen mit dem quengeligen Quinn, packe ihn mir unter den Arm und nehme die Verfolgung auf. Ein dicker Fahrgast hält mich auf. Dann entdecke ich Leo. Er hämmert bereits an die Klotür und ruft »Papaa!« Eine Minute später geht die Tür auf, und ein Unbekannter kommt heraus. Ehrliches Entsetzen auf beiden Seiten. Wo ist mein verfluchter Partner hin? Egal, Leo stürmt das Örtchen und zieht sich im Gehen schon die halbdurchnässte Hose herunter. Ich rufe meinen Standardspruch aus dem Kinderbuch *Bobo Siebenschläfer*: »Kinder, nicht alles anfassen!« Bahnklos ekeln mich, auch wenn das hier im Vergleich zu den Zuständen früher, als das Unternehmen noch Bundesbahn hieß, ein Luxusklosett ist. Mein Sohn ignoriert die Warnung. Er will »beim Stehen« Pipi machen, klappt entschlossen die Brille hoch und – stützt sich mit beiden Händen auf dem nassen Sitz ab. Ich bekomme einen Schreianfall und gehe mit Quinn im Arm auf die Knie. Meine Nase ist jetzt fast auf gleicher Höhe mit dem Klo, und ich atme einen beißenden Geruch ein. Mühsam unterdrücke ich ein Würgen und versuche mit einer Hand etwas Papier abzurollen, um das Gröbste von den Kinderhänden zu entfernen. Bei dieser mütterlichen Verrenkung kriegt auch der Junior die Brille zu fassen. Kaum gelingt es mir, die Kinder davon abzuhalten, den wunderschönen knallroten Notknopf zu drücken, der direkt unter dem Kloabzug ist. Das Waschbecken wiederum ist viel zu hoch montiert. Also aufwärts allesamt! Erst hebe ich den Kleinen mit dem linken Arm hoch, mein Bein nehme ich zur Unterstützung dazu. Mit dem rechten Arm packe ich dann seinen Bruder, der reale 15 Kilo auf die Waage bringt. Ich sehe mich an. Blass, sehr blass. Es ist Zeit, Ed Nortons an sein Spiegelbild gerichtete Hasstirade aus dem Film *25th Hour* nachzuspielen. »Du – bist – ein – Esel!«, presse ich zwischen den Zähnen hervor und blicke auf mein Gegenüber im Spiegel. »Hä, Mama, Eeesel?«, verwundert sich das Gewicht unten auf meinem Bein. »Ja, Esel, diese Tiere, die man zum Tragen von Lasten verwendet«, erläutere ich brav. Die Knöpfe für Wasser und Seife sind schwer zu drücken, die Kleinen beschweren sich deswegen. Also muss Mama noch mal ran. Ich gehe noch etwas in die Knie, mache einen Katzenbuckel, etwas unterhalb meines Kreuzbeins zieht schmerzhaft. Während die Kinder, an Brust und Oberarme gelehnt, frei auf meinen Beinen flottieren, organisiere ich das Gewünschte, dafür braucht man zwei freie Hände. Als wir das Klo verlassen, ist mir übel, und ich bin von oben bis unten nassgeschwitzt. Meinen Mann, der inzwischen wieder im Abteil sitzt, schreie ich erst mal an, warum er sich in Luft auflöst, wenn ich ihn am dringendsten brauche. Dabei ist er komplett unschuldig. Er war nur eine Tür weiter gezogen, weil besetzt war.

Alle auf den Boden!

Weil sich unser Zug aus München schon bei der Abfahrt verspätet, verpassen wir unseren Anschluss. Und verlieren unsere Reservierung, auf die wir so stolz waren. Auch dieser ICE platzt bereits aus allen Nähten, als wir kommen. Wir fragen den überarbeiteten

Schaffner, ob wir uns in den Durchgang zwischen den Wagen der 1. Klasse setzen dürfen. 1. Klasse! Das ist Fremdgebiet. Um da reinzukommen, braucht man die Weihen des Bahnpersonals, selbst wenn es nur der Fußboden ist. Sogar mein Mann, der sonst eine große Klappe hat, piepst seine Bitte wie ein Mäuschen hervor. Der Schaffner, Typ New Yorker Cop, groß, breit, dunkelhäutig, autoritäre Ausstrahlung, senkt den Blick und fragt mit Nachdruck: »Sie haben Kinder dabei?« Er hat eine tiefe, sympathische Stimme, und am liebsten würde ich unser ganzes Elend bei ihm abladen. Als wir nicht ganz verstehen, was er damit jetzt meint, wiederholt er die Frage genauso noch einmal: »Sie haben *Kinder* dabei?« Auf unser Nicken hin erteilt er uns die Erlaubnis: Wir dürfen auf den Boden. Na prima. Da kann man sich ja freuen.

Wir quetschen uns mit all unserem Plunder auf die Treppenabgänge an den Ausstiegen. Alle paar Sekunden gehen neben uns mit Karacho die automatischen Glasschiebetüren auf, da reicht schon ein Husten oder Fingerschnippen. Ich bekomme jedes Mal Panik, dass sich Quinn seine Hand einklemmen könnte. Außerdem werden die Gäste in der 1. Klasse am Platz bedient. Eine Servicekraft aus dem Bordrestaurant steigt alle naslang über uns hinweg, ebenso der mobile Brezelverkäufer und die Frau mit dem Eis. Vor allem aber sind die Kinder in ihrem Bewegungsdrang nicht zu bremsen und nutzen sofort die Chance zur Flucht. Krabbeln die Gänge entlang, verursachen Zusammenstöße unter den Passagieren und treiben dem Schaffner den Schweiß auf die Stirn. Mein Mann und ich hechten in gebückter Haltung hinter ihnen her und versuchen dabei eine positive Stimmung aufrechtzuerhalten. Gegenüber den Kindern, gegenüber dem Personal, gegenüber den Fahrgästen. Immer wieder versucht der Kleine auch, auf der Treppe am Ausstieg herumzuturnen, denn da sind so spannende kleine Lamellenlichter. Das unterbindet mein Mann aber mit dem Kommentar: »Nimm den mal da weg, so wie das hier läuft, traue ich denen zu, dass während der Fahrt plötzlich die Tür aufgeht.« Als per Durchsage die x-te Umleitung angekündigt wird, breche ich heulend zusammen. Mein Mann krault tröstend meinen Nacken, und eine Oma, die zwei Plätze weiter sitzt, schenkt uns ihre letzte Schokolade. Das rührt mich, und ich kann wieder lächeln. Den Kindern stopfen wir jetzt gerne alles in den Mund, was irgendwie verfügbar ist. Unser Proviant ist eh schon längst aufgebraucht.

Nach einer zwölfstündigen Odyssee durch halb Deutschland sagen wir uns zum – wievielten? – Male: Bahnfahren, nie wieder! Das nächste Mal steigen wir doch lieber in einen dieser wackeligen, stinkenden innerdeutschen Billigflieger. Obwohl ich Öko bin und generell eine panische Angst vor Bruchlandungen habe. Und obwohl wir es natürlich besser wissen, denn es gibt ja keine wirkliche Alternative. Wer will sich schon mit seinen Kindern einen ganzen Tag ins Auto zwängen? Und das wissen die fiesen Bahnmanager bestimmt, und so nutzen sie diese Hilflosigkeit aus.

Nachdem wir schon Ewigkeiten unterwegs gewesen sind, kauern wir zum Finale noch mehr als drei Stunden auf dem Fußboden und versuchen irgendwie, unsere aufgelösten, heulenden Kinder zu beruhigen. Ich wünsche mir nichts sehnlicher, als nach Hause zu kommen. Direkt, auf dem kürzesten Wege, ohne Umleitung und Zwischenhalte. Meinetwegen auf der hässlichsten Strecke entlang der Autobahn, ohne Panoramablick auf Burgen und Seen. Dafür ohne diese Unglück verheißenden Durchsagen, die scheinbar völlig spontan erfolgen und immer mit den Worten beginnen: »Sehr geehrte Fahrgäste, aufgrund eines Böschungsbrandes, eines Oberleitungsschadens, eines Personenschadens, eines Schadens am Triebwerk ...«, einer Kuh auf den Gleisen, eines Kollateralschadens, eines SuperGAUs, ergänze ich, dem Wahnsinn nahe. Wenn man kleine Kinder hat und mit ihnen verreist, dann sind diese Gründe ausnahmslos alle unzumutbar und gehen nicht als Entschuldigung für Verspätungen durch.

Von Wut bis zu Mitleid gibt es auf dieser Tour de Force alle Facetten menschlicher Emotionen. Eine Tante mokiert sich noch, dass wir den Kinderwagenaufsatz auf zwei freie Sitzplätze stellen, damit der völlig erschöpfte Kleine mal schlafen kann. »Zwei Plätze für ein Kind? …«, muffelt sie, bevor sie verärgert weiterzieht. Ein junges Paar, das unsere Kleinen mit Grimassen aufzuheitern versucht, witzelt kurz vor Ankunft mit Blick auf die schreienden Kinder: »Mit dem Nachwuchs warten wir lieber noch ein bisschen, was?«

Und dann taucht da am nächtlichen Zielbahnhof ein Engel auf: eine schmale junge Frau in Jeans und gestreiftem Pullover. Sie hat drei Kinder und einen Buggy bei sich, und – sie strahlt uns verständnisvoll an. Als minutenlang keines der heranrauschenden Taxis für uns halten mag, springt sie todesmutig auf die Straße, wedelt mit den Armen in der Luft und ruft in eines der offenen Taxifenster hinein: »Hey, Sie, können Sie nicht mal diese junge Familie hier mitnehmen?«

»Aber was machen Sie denn dann jetzt«, frage ich noch und blicke auf ihre Kleinen. »Ach«, grinst sie, »ich schaffe das schon.« Da sieht man mal wieder: Im Härtefall sind andere Eltern immer noch die zuverlässigsten Helfer. Denn die sind Profis.

Das Haus-Problem oder der Teufelskreis der Bürgerlichkeit *Thomas*

Du musst dein Leben ändern, das ist ja seit dem jüngsten gleichnamigen Bestseller des Philosophen Peter Sloterdijk ein großes Thema. Für mich ist es auch ein Witz, denn mein Leben hat das schon für mich erledigt. Trotzdem freue ich mich über solche Ansätze. Ich hatte schon vorher öfter mal gehört, dass angeblich die Lebensphilosophie wieder populär sei. Das ist so eine Strömung, der es vor rund hundert Jahren darum ging, sich in der Welt einzurichten. Irgendein Zusammenspiel aus Wilhelm Dilthey, Hermann Hesse und Turnvater Jahn. So stelle ich mir das jedenfalls vor. Der Suhrkamp Verlag hat sogar eine »Bibliothek der Lebenskunst« gegründet.

Wie lebt man richtig und gut, das ist hier die Frage. Die stellt sich zurzeit ja eigentlich niemand, weil das altmodisch wirkt. Und natürlich ist es ziemlich egal, was man aus sich macht, wenn man Single ist. Da besteht ein vorbildliches Leben darin, Ökostrom zu beziehen, ab und zu mal sein Gehirn wirklich zu benutzen und nachts draußen keine Bierflaschen auf den Boden zu knallen. Ansonsten kannst du dich gehen lassen. Erst mit Kindern fragen sich alle doch noch mal, wer bin ich und wohin gehe ich, und es werden hektisch Rentenversicherungen abgeschlossen und Privatschulen gebucht. Und dann kommt das Haus-Problem. Ein ganz spezieller Teufelskreis.

Unter meinen Bekannten wird von Marianne, die ich selbst kaum kenne, Folgendes erzählt: Sie war in eine weit verbreitete Falle getappt. Ihr Mann Erik blühte im Berufsleben auf und kam spätabends nach Haus. Der typische Vater, den keiner braucht. Die Familie hatte einen Mercedes (C-Klasse) und neuerdings ein Haus, aber was nützt das Marianne, die den ganzen Stress hat, die sich in ein Hausmütterchen verwandeln muss, das von der kaputten Waschmaschine über die Handwerker bis zu dem Besuch in der Kinderklamotten-Boutique alles organisiert. Zudem bitte auch noch dienstags ins Lady-Fitness-Center, damit der Mann sie noch halbwegs scharf findet. Alles so viel Verwaltungsaufwand, dass sie die Kinder praktisch schon vernachlässigt. Und der Mann ist ja nie da. Er arbeitet, um Haus, Garten und Auto zu finanzieren. Dann kommt Tag X. Marianne tritt zu ihren beiden Jungs ins Kinderzimmer und verkündet, dass sie jetzt endlich mit ihnen spielen könne. Antwort des Größeren: »Nein, Mama, geh mal wieder raus, wir beide spielen hier schon miteinander.«

Schock! Für Marianne bricht eine Welt zusammen, ein Kloß steckt ihr im Hals, sie schleicht davon. Die ganze Story erzählt sie dann heulend ihren Freundinnen, die übrigens keine guten Freundinnen sind, denn sie erzählen alles gleich brühwarm herum. Sonst wüsste ich es ja nicht. Die »klammheimliche Freude« über das Scheitern der Bilderbuchmutter ist ein klein wenig verständlich, schließlich war alles so absehbar. Muss man denn wirklich versuchen, selbst ein Klischee aus der Persil-Werbung zu werden? Und wenn man es partout probiert, muss man sich dann wundern, wenn die Probleme kommen?

Wenige Monate später ruft Marianne stolz ihre Bekannten an: Sie sei jetzt wieder schwanger! Neuer Versuch, neues Glück. Erik wird bald befördert und kann dann sicher auch die drei Kinder finanzieren, für die er dann allerdings ein größeres Auto anschaffen muss. Und dann geht alles wieder von vorn los im ewigen Kreislauf des Haus-und-Garten-Blödsinns.

Die Faust im Nacken

Es gibt sicher tausend Variationen dieses Musters. Stets beginnt es damit, dass der Mann immer mehr arbeitet. Die Frau sitzt zu Hause und langweilt sich. Sie ärgert sich. Sie fängt mit Rotweintrinken an oder macht dem Fitnesstrainer Avancen. Dann muss irgendwann das dritte Kind her. Und so weiter und so weiter.

Es ist billig, über Marianne zu lachen. Das klingt jetzt alles so, als hätten nur die anderen diese Probleme. So einfach ist es leider nicht. Auch in meinem Bekanntenkreis, den ich immer als besonders cool bezeichne (na ja, das tut wohl jeder), grassiert dieses Syndrom. Sobald Kinder da sind, pflanzt sich ein Wahn in die Gehirne meiner Freunde ein: ICH MUSS EIN HAUS HABEN. Sie verschwenden keinen Gedanken an Nachbarschaftsstreit, öde Vorstädte, in denen es nicht einmal eine einzige annehmbare Bar gibt, an allabendliches Fernsehglotzen, da sonst nichts mehr zu tun ist. Alle denken nur daran, dass die Kinder selig im Garten spielen und sich später nicht wie Benachteiligte fühlen. In Deutschland, wo es glücklicherweise immer eine starke Mittelschicht gab, herrschte auch immer starker Druck zur Mitte. Heute gibt es nur noch Druck nach oben. Niemand möchte zu den Verlierern gehören.

Ich selbst habe schon Häuser besichtigt und wollte mich einer Baugemeinschaft anschließen, obwohl ich mir das überhaupt nicht leisten kann – aber irgendwer will einem ja immer weismachen, dass Kaufen eigentlich günstiger als Mieten sei. Das Haus-Problem ist eine nicht nur finanzielle, sondern auch ideologische Verstrickung, die teuflisch unfrei macht.

Am Anfang geht es meinen Freunden eigentlich sehr gut in ihrer Mietwohnung. Dann reift in ihnen der Entschluss heran: WIR BRAUCHEN EIN HAUS. Er kommt wie von selbst, völlig unreflektiert, er ist einfach da, er umgeht alle höheren

Bewusstseinsfunktionen. Wenn es einmal so weit ist, kann man diese Freunde vergessen. Fortan werden sie noch mehr arbeiten und ihre geringe Freizeit mit Besichtigungen, dann mit Maklern, danach mit Räumen und Renovieren verbringen. Wenn man sie überhaupt mal zu Gesicht bekommt, werden sie jammern, dass die Frau sauer ist, weil sie sich vernachlässigt fühlt. Als ich kürzlich Freunde übers Wochenende zu mir einlud, erschien von den vier Leuten einer gar nicht (zu viel am Haus zu tun), einer fuhr Samstagabend wieder ab (er musste das Haus, das er kaufen will, seinen Eltern zeigen, die es finanzieren sollen) und einer kam später (er möchte aufs Land ziehen und musste deswegen noch einen Extrajob am Abend machen). Genau genommen war nur einer wie geplant die ganze Zeit da: der einzige Kinderlose.

Wenn du dein Haus dann hast, geht der Ärger ja erst richtig los. Jetzt sitzt dir wie eine Faust ein Kredit mit dreißig Jahren Laufzeit im Nacken. Nun ist die Angst vor der Kündigung dreimal so groß. Schweißgebadet geht man morgens zur Arbeit – hoffentlich bin nicht ich heute das Opfer der Rationalisierungswelle. Die Kosten potenzieren sich: Da man jetzt am Stadtrand wohnt, muss ein Auto her. Beziehungsweise, wenn eines da ist, muss noch eins her. Die Frau will auch mobil sein, wenn der Mann mit der Schüssel zur Arbeit ist. Ganz zu schweigen von den Kosten, die mit der Bekämpfung der Langeweile verbunden sind. Also: Malkurse, der überlebensnotwendige Tropenurlaub, der größere Fernseher. Und dann noch das Unvorhersehbare. Mein Freund Klaus hatte sein Haus, kurz darauf kam wie geplant die Tochter, und dann fiel ihm erst auf, dass die Bude ziemlich unsicher ist für so ein Krabbelkind. Also ließ er eine komplette Treppe rausreißen und ersetzen, diverse Geländer sichern und den Garten umbauen. Wenn ich mit vom Haus-Problem Befallenen telefoniere, höre ich hauptsächlich Wehklagen und Stöhnen, es sei noch so viel zu tun, man wisse weder ein noch aus.

Eltern ohne Kampfgeist

Die ganz moderne Psychoanalyse, vor allem die des wunderbaren Spinners Slavoj Žižek, beschäftigt sich ja vor allem mit der Frage, wie unsere Bedürfnisse überhaupt in uns hineinkommen. Man muss fragen, wer uns eigentlich einflüstert, dies oder jenes zu begehren, ein Haus etwa. Da drängt sich doch die Frage auf, wessen Bedürfnis ist das eigentlich? Meins jedenfalls nicht. Dass man einfach die Tür zum Garten aufmachen und die Kinder rausschicken will, ist natürlich sehr verständlich. Deswegen haben wir Deutschen unsere Grünflächen vergesellschaftet und teilen sie heute miteinander – eine schöne Errungenschaft der bürgerlichen Gesellschaft. Noch 1953 waren die Ufer der Hamburger Alster in Privatbesitz, niemand konnte dort herumjoggen oder spazierengehen. Daran darf man auch mal erinnern, heute, da wieder viele »Privatisierung« für ein Zauberwort halten. Und wer partout keine Fremden sehen will, kann sich auch einen Garten mit Freunden teilen. Selbst Schrebergartenkolonien sind heute nicht immer nur das reine Grauen. Früher hätte man gesagt, direkt nach Parkhäusern die abstoßendsten Orte Deutschlands. Aber Vorsicht! Heute gibt es am Rand der großen Städte solche Anlagen mit ziemlich normalen Leuten, nicht so nazimäßig gezirkelt. Und selbst wenn es sie nicht gäbe: Dann müsste man das eben ändern! Wo ist denn der Mut der neuen Elterngeneration, sich einfach mal die Bedingungen zu schaffen, von denen man träumt? Bei vielen Dingen wäre das doch möglich. Man muss dann aber auch einfach mal was tun.

Wenn man das Haus nur als Symbol für eine Veränderung sieht, die Paare mit Kindern suchen, wird es noch interessanter. Denn in der Tat ändern sich mit Kindern die Erwartungen. An sich selbst. An die Beziehung und das Leben als Familie. Da verlangt dann Erik plötzlich von seiner Marianne, eine klassische

Frauenrolle zu übernehmen: Sie möge doch bitte das Haus im Auge haben, kochen und ihm den Rücken freihalten bei der Karriere. Zum Sektempfang beim Chef bitte schon geil aussehen, das versteht sich ja von selbst. Nur Marianne stinkt das irgendwann alles gewaltig. Und in der Tat hat ihr Mann es doch früher – bevor die Kinder kamen – angeblich so geschätzt, dass sie eine selbständige und moderne Frau ist.

Es mag ein bloß vage gefühlter Wert sein, dass die Hälfte der Beziehungen mit Kindern in den ersten Jahren wieder zerbricht. In unserem Umfeld kommt es ungefähr hin. Statistiken gibt es darüber nicht, da niemand Erhebungen zu Beziehungen anstellt, erst recht nicht zu Details wie der Dauer und dem Zeitpunkt der Trennung im Verhältnis zum Zeitpunkt der Geburt eines Kindes. Von extremen Verwerfungen berichten viele, und auch die modernen und reflektierten Menschen sind nicht davor geschützt. Überhaupt ist es viel zu leicht, über Menschen zu lästern, die es besonders doof angehen.

Der Spießer in mir

Seit über »digitale Bohème« diskutiert wird, vor allem durch das Buch *Wir nennen es Arbeit* von Holm Friebe und Sascha Lobo, stehen viele Ideen im Raum, wie man leben kann, ohne sich dem Diktat einer Festanstellung zu unterwerfen. Für die, die sich nicht trauen oder bisher nichts davon wissen wollten: In dem Buch *Morgen komm ich später rein* hat der Autor Markus Albers dann auch noch gezeigt, wie man sich im Zeitalter von Laptops und Internet innerhalb der Festanstellung viel mehr Freiheiten erkämpfen kann. Friebe und Lobo schreiben: »Acht von zehn Erwerbstätigen verfügen noch über einen befristeten oder festen Arbeitsvertrag, pendeln täglich zu ihrer Arbeitsstelle. (…) Dem Klischee nach verfolgen sie den kleinbürgerlichen Traum von der

Doppelhaushälfte im Vorort mit dem Family-Van im Carport. Sie bilden das Heer der Normalbürger, über das nicht viel in Büchern und Zeitungen steht, weil ihr Leben wenig Stoff hergibt.« Der Pferdefuß daran: »Kleine Veränderungen an den Rahmenbedingungen bedrohen schnell die Existenzgrundlage, deshalb neigt die Mittelschicht zur Verunsicherung und zur Existenzangst. Nichts treibt sie so sehr um wie die Furcht vorm sozialen Abstieg.«

Bisher wurde das, was man unter Stichworten wie »digitale Bohème« oder auch nur »Freiheit in der Festanstellung« dagegensetzen kann, viel belächelt und als Spielerei für ungebundene Twens angesehen, die ihr Studentenleben weit übers Examen hinaus verlängern wollen. Es ist aber das glatte Gegenteil: Gerade für neue Mütter und Väter wird es relevant. Denn wenn sie das Familiäre richtig ernst nehmen, werden sie arbeiten und auch bei der Familie sein wollen – beide. Sie werden sich dann eben nicht in die zahlreichen, miteinander verflochtenen Abhängigkeiten von Statussymbolen, Karriere, Haus und Hund begeben wollen. Auch wenn danach noch kaum jemand handelt, denken doch inzwischen viele so. Spricht man mit Bekannten darüber, stimmt dem insgeheim fast jeder zu. Ein guter Freund von mir verdingt sich seit Jahren bei einer öffentlichen Einrichtung, langweilt sich zu Tode und verschwendet seine Lebenszeit, weil er eigentlich Brettspiele entwerfen möchte. Darunter leidet er. Aber wenn man dann zur Tat schreiten muss, tut der Mensch sich bekanntlich schwer. Immer wenn ich ihn frage, warum er nicht alles radikal verändert, wiederholt er den gleichen Satz: »Ich muss doch meine Kinder ernähren.«

Eigentlich stecken wir alle tiefer in diesem Schlamassel, als nötig wäre, und müssen wohl eher den Spießer in uns bekämpfen. Auch da wirken Kinder wieder als Katalysator für unausgegorenen Irrsinn aller Art. Ein Bekannter ist, seit seine Tochter zur Welt kam, plötzlich religiös geworden, dann verbissen konservativ, dann Misanthrop. Nicht gerade das, was man weitergeben will. Aber solche Gefühle übertragen sich unweigerlich auf den Nachwuchs, und Kinder lernen bekanntlich am schnellsten. Der Schriftsteller Maxim Biller sagte einmal zu mir: »Kinder sind doch genau das Abbild der Haltungen der Eltern. Wenn ihr locker bleibt, kann nichts schiefgehen.«

Die Modeindustrie dressiert unsere Kleinen *Julia*

Ich gehe Leo eine Hose kaufen. Ich liebe es, den Kindern Klamotten zu besorgen. Das ist ein ganz intimer Vorgang, den ich mir ungern nehmen lasse, denn es drückt meine Verbundenheit zum Kind aus. Schaut euch mal diese kleinen Wesen an, wenn sie mit ihren Eltern vorbeispazieren! Die Kinder sind immer ein Abbild ihrer Eltern, verkörpern deren Wünsche, Träume, Vorlieben, und das rührt mich. Ein nietenbesetzter Punk-Vater mit seinem blondgelockten Töchterchen, das ein rosa Lillifee-Fahrrad fährt, während er ihm ein Brötchen vom Bäcker holt? Ein Rasta-Elternpaar in Batikfummel mit Rasta-Jungs, die sich die ausgeleierten Shirts mit Eiscreme vollschmieren? Der Anthroposophennachbar, der seinen rotbackigen Jungen in Hirschlederschlappen und Fischerhemdchen durchs Treppenhaus trägt? Das pummelige Mädchen in Glitzerstretchhose und ihre ebenso korpulente Mutter mit Vokuhila-Frisur, die sich auf der Straße gerade anmeckern? Alles schon gesehen. In diesen Momenten scheinen die Eltern in ihren Kindern auf, und damit wird eine ungeheure gesellschaftliche Vielfalt sichtbar. Es gibt mir für einen Moment das Gefühl, alles könnte gut werden.

Aber ich gehe ja Leo eine Hose kaufen, und die romantische Vielfalts-Blase platzt, sobald ich die ersten Läden betrete. In der Kinderabteilung bei H&M etwa wird brav nach Jungs und Mädels getrennt, und auf einen Blick sieht man: rechts rosa und rot, links oliv-grau-beige. Die Schnitte orientieren sich an der aktuellen Erwachsenenmode. Das heißt, da werden für Dreijährige allen Ernstes tiefsitzende Jeans mit eingenähten, oben herausschauenden Unterhosen angeboten. Und auf der Gegenseite flotte Glitzerhütchen und raffiniert geraffte Diskoshirts. Nur bei den Babys bis zu einem Jahr macht man eine Ausnahme. Da dürfen alle noch Baby sein, dafür sind die Strampelanzüge überwiegend in Pastelltönen und Bärchenoptik gehalten. Auch nicht jedermanns Sache.

Also los, nicht zimperlich sein, denk an die Hose, sage ich mir. Ich dränge mich vorbei an Pullis in tristen Farben, sogar Schwarz ist groß vertreten, dafür mit umso hässlicheren Aufdrucken: »No. 1 Baseball Team« steht da, oder einfach nur eine völlig sinnlose Zahl. Mal ganz abgesehen von den vielen Rennautos, Baggern im Schwersteinsatz und aus dem Nichts kommenden Feuerstreifen. Während drüben bei den Mädchen kleine Prinzessinnen in Ballettschlappen und Kätzchen mit großen Kulleraugen von den T-Shirts lächeln. Ich finde mich nirgends wieder und damit auch keine Hose für meinen Sohn. Verzweifelt suche ich nach einer Unisex- oder Transgenderabteilung – irgendwas zwischen diesen beknackten Geschlechterklischees. Oder einfach was Geschmackvolles. Gerne einfarbig. Oder zweifarbig gestreift. Meinetwegen nur rot, mit 'ner Banane. Etwas, wo nicht draufsteht, was mein Kind ist oder sein soll.

Nieder mit den Bärchen!

Mamamoto nennt sich eine Initiative, die sich auf die Fahnen geschrieben hat, mal schönes Design für Kinder anzubieten. Denn dass viel Schrott produziert wird, ist nicht erst mir aufgefallen: »Arglosen jungen Menschen, bis dato als Mitbürger und Konsumenten ernst genommen, werden mit der Elternschaft bei jeder Gelegenheit rotnasige Wichtel, pastellige Häschen und gelbe Entchen aufgedrängt«, schreibt Claudia Fischer-Appelt, die

Frau hinter *Mamamoto*, auf ihrer Website. Auch wenn mir ihre Gegenentwürfe nicht besonders gefallen – in dem Punkt hat sie recht.

Es nervt zwar, ständig die guten alten Zeiten herbeizuzitieren, wo angeblich alles besser war, aber ich meine mich zu erinnern, dass es den ganzen Zirkus bei uns damals nicht gegeben hat. Jedenfalls sieht es auf den vergilbten Polaroidfotos und krisseligen Superachtfilmen so aus. Da laufen wir mit einfachen braunen Latzhosen und türkisfarbenen Nickipullis durch den Garten. Da gab es noch Rot, Orange, Grün und Gelb. Und zwar für alle: Jungs und Mädchen. Da scheinen unsere Eltern was gewagt zu haben, farblich. Heute sind die Zeiten weniger clownesk als in den Siebzigern. Das ist schade. Aber was will man erwarten? Die Mehrheit der Erwachsenen macht die Langeweile ja vor.

Apropos: Ich brauche immer noch eine Hose für den Kleinen. In der Mädchenabteilung eines großen Kaufhauses erwerbe ich eine Cordhose, weil sie schlicht ist und mir gefällt. Als ich sie daheim meinem Sohn anprobiere, stelle ich fest: Sie schmeichelt seiner schmalen Figur. Allerdings kann er sich überhaupt nicht darin bewegen. Also, raus aus dem Ding, und umgetauscht. In der Jungenabteilung suche ich etwas Adäquates und stelle fest: Da sind überall viel mehr Taschen und Aufnäher dran, als müssten die Kleinen gleich morgen in den Krieg ziehen. Außerdem: weite, sportliche Schnitte, wie gemacht zum Auf-die-Bäume-Klettern. Was natürlich ein Vorteil ist.

Zurück in die Mädchenabteilung. Tatsächlich: Ausnahmslos alle Hosen sind schmal geschnitten. Sie sind schön, elegant, aber überhaupt nicht zum Herumrennen geeignet. Eher zum Herumstehen.

Und wozu führt das alles? Drei Beispiele: Meine kleine Familie und ich sitzen im Zug. Wir teilen uns das Abteil mit einer weiteren Familie: zwei Erwachsene, ein Sohn, eine Tochter. Das dreijährige Mädchen ist blond, trägt ein pinkfarbenes Hello-Kitty-Shirt und Jeans. Da zieht der Vater plötzlich ein mit Strasssteinen besetztes Mäppchen aus dem Kinderrucksack, hält es angewidert in die Höhe und ruft: »Uääh, was ist *das* denn?« Er holt einen Kosmetikspiegel, Nagellack in Zwergengröße und Minilippenstift mit Erdbeergeschmack daraus hervor. Seine Frau guckt ihn verblüfft an und sagt wie selbstverständlich: »Na, das ist Leonies Beautycase.« Und als sich sein Gesicht immer noch nicht entspannt, setzt sie erklärend hinzu: »Deine Tochter ist drei Jahre alt und geht in den Kindergarten. Was hast du denn erwartet?«

Zweites Beispiel: Kindergeburtstag bei Freunden. Ich sitze im Mädchenzimmer. Die Tochter unserer Freunde ist fünf Jahre alt. Da stehen ein großes Puppenhaus und diverse Accessoires – Vater-, Mutter-, Kindpüppchen, Haustiere, Möbel – in der Mitte des Raumes. Ich erbarme mich und spiele mit, statt mich mit den Erwachsenen zu unterhalten. Und bereue es sofort. Denn die kleine Jana gibt mir ein ultrahässliches Disney-Märchenbuch in die Hand und verlangt: »Liest du uns das vor?« Die Geschichte vom Aschenputtel soll es sein. Da geht's ja mal wieder nur darum, wer von den Frauen die Schönere und Sittsamere ist und am Ende den Prinzen hoch zu Ross abkriegt – der seinerseits keinen Finger krummmacht, außer die Schöne vom Fleck weg zu heiraten. Eine Illustration ist kitschiger als die andere. Da sagt Janas Freundin, während sie mit verklärten Augen ins Buch schaut: »Jana, ich bin die Prinzessin, und du bist das Pferd.« – »Und ich bin ein ganz fürrrchterlicher böser Drache und werde euch dummen Gören jetzt alle auf einmal verschlingen!«, rufe ich unwirsch und klappe das Buch zu. Die Mädchen gucken mich mit verschreckten Augen an und schreien nach Mama. Was ist nur mit diesen Kindern los? Werden meine auch mal so, wenn sie größer sind? Und: Kann ich das irgendwie verhindern? Ich werfe das Buch in die Ecke und gehe doch lieber wieder zu den Erwachsenen.

Dagegen der Junge in Leos Kita: Er trägt ausschließlich Piratenshirts und kommt an Fasching bis zu den Zähnen bewaffnet daher. Bei jeder Gelegenheit ruft er: »Peng, peng!« Kein Wunder, dass Leo jetzt auch schon mit dem Quatsch anfängt. Aber solange er noch am liebsten sein türkis-rosa Kittelchen, sein »Vogelfängerkostüm«, wie er es nennt, anzieht (das hat ihm Oma mal genäht) und mit japanischen Essstäbchen auch mal trommelt, statt sie als Pistole zu benutzen, finde ich das nicht so schlimm.

Gerade erst hat eine Studie der Uni Innsbruck belegt, dass Mädchen genauso leistungsfähig sind wie Jungen, im Gegensatz zu diesen allerdings tendenziell eher wettbewerbsscheu, was natürlich Konsequenzen im Hinblick auf ihre berufliche Karriere hat. Jungs scheinen ihre Leistung eher zu überschätzen und ziehen fröhlich in den Kampf. Man muss sich ja nur mal in Gesprächsrunden umschauen. Ob im Uniseminar, bei der Grillparty oder auf der Konferenz: Meistens reißen die Männer die Klappe auf, während die Frauen brav dazu nicken oder höchstens mal eine Frage stellen. Interessanterweise entwickelt sich dieses geschlechtsspezifische Verhalten laut Studie erst zwischen dem dritten und dem achten Lebensjahr, vorher gibt es keinen Unterschied. Offenbar ist es also keineswegs angeboren, sondern auf Erziehung und Vorbilder zurückzuführen. Und Kinderklamotten tragen schon früh ihr Quäntchen zur Zementierung der Rollenklischees bei. Denn bei Jungs geht's immer um Action, Sport und schnelle Fahrzeuge (»Sportsfreund« heißt es etwa recht männerbündelnd auf den Shirts, oder »More Play more Fun«). Dagegen prangt auf dem niedlichen rot-weißen Mädchen-Strickpulli mit den Glitzersteinchen »Happy Flower«. Überhaupt sind Mädchensachen immer so gemacht, dass man automatisch »Ach, wie hübsch du aussiehst!« ausruft. Kompakte Jungen-Sneakers und Kapuzenpulli reizen dagegen nicht zu solchen verzückten Kommentaren. Die sind höchstens »cool« und »praktisch«.

Pink stinkt!

Pinkifizierung nennt die britische Fernsehproduzentin Abi Moore den Rosawahn, mit dem kleine Mädchen durch geschicktes Marketing in Kaufhäusern und Spielwarenabteilungen infiziert werden. »Ihnen wird vorgegaukelt, dass sich das Leben nur um Schönheit, Ruhm und Reichtum dreht«, sagt sie. Deshalb hat sie mit ihrer Schwester gerade die Kampagne »Pink Stinks« gegründet. Auf ihrer Website *pinkstinks.co.uk* bieten sie alternative Rollenbilder zu Prominenten wie Paris Hilton und den üblichen Fußballergattinen an. Es gibt schließlich genug davon aus Wissenschaft, Kunst oder Sport. Das Angenehme ist, dass die Moore-Schwestern dabei ganz undogmatisch sind. Sie haben selbst Kinder, Jungen und Mädchen, und irgendwann ist ihnen aufgefallen, wie unterschiedlich deren Zimmer aussahen. Persönlich haben sie nichts gegen einzelne Promis, und es geht auch nicht um die Diffamierung der Farbe Rosa an sich, sondern nur um ein eindimensionales, von gerissenen Werbestrategen forciertes Geschlechterbild. Und darum, dass Eltern sich wehren können – die Moores haben gerade mit einem Boykottaufruf gegen ein Geschäft für viel Aufsehen gesorgt.

Ins Reich der Legenden gehören auch die Behauptungen junger Eltern, ihre Töchter würden von selbst nach rosa Kleidchen greifen. Eine Studie der Universität Newcastle zeigt, dass Männer wie Frauen eine Vorliebe für die Farbe Blau teilen. Frauen mögen außerdem Rot vor dunklem Hintergrund. Das könnte eine gewisse Rosa-Neigung begründen, heißt aber nicht, dass Frauen eine natürliche Vorliebe für Rosa haben. Dass es um kulturelle Muster geht, zeigt zum Beispiel, dass es zu Beginn des 20. Jahrhunderts genau umgedreht war: Mädchen trugen Blau und Jungen Rosa.

Diesen Nervenkrieg haben wir uns wenigstens vor der Geburt von Quinn erspart. Wir haben die Frauenärztin davon abgehalten, uns zu erzählen, ob es ein Junge oder ein Mädchen wird. Natürlich ist man neugierig, und inzwischen kann man ja nahezu alles über sein Kind in Erfahrung bringen, bevor es auf die Welt kommt. Aber mein Mann und ich haben zehn Monate durchgehalten und uns dumm gestellt, nach dem Motto: »Geschlecht ist egal, Hauptsache ein Kind.« Dass es heutzutage ziemlich anstrengend ist, dieses Nichtwissen nach außen zu vertreten, merkten wir, als uns die Verwandtschaft ab der einundzwanzigsten Woche regelrecht die Bude einrannte, um in Kreuzverhören Informationen aus uns herauszukitzeln. Doch wir fanden unser Vorgehen gerechtfertigt, es entlastete uns von den Klischees, von denen ja niemand frei ist. Immer wieder zeigten andere Eltern auf dem Spielplatz auf Leo und fragten schamlos: »Ach, das ist ein Junge? Ich dachte, ein Mädchen, wegen der roten Schuhe.« Da fragt man sich schon, ob die Leute eigentlich nur noch auf die Klamotten gucken oder auch mal ihren Verstand benutzen. Kann man wirklich so manipuliert sein?

Nach diesen bitteren Erfahrungen wollte ich meinem damals noch ungeborenen zweiten Kind möglichst lange eine neutrale Zone gönnen, in der es sein konnte, wie es ist. Bevor es in die rosahellblaue Welt von heute entlassen würde.

Übrigens habe ich die Hose für Leo dann im Second Hand gekauft. Türkisfarbene Leggins, mit Tweety und Sylvester drauf. Für einen Euro.

Modeterror – auch für Kleinkinder

Gehirnwäsche: Wie die Fashion-Industrie Rollenbilder zementiert

Aufdrucke auf aktuellen Jungsklamotten (bis Größe 104):
› Nautic Community Sea Sail Key West
› Resist, Rethink, React with Respect
› Special Boys Gear – Leisure during the Camel tour at the Great Indian Desert
› Iron Kid Group – Heavy Truck Drivor (mit dem Schreibfehler)
› Unique Baby Boy Department – Genuinly Created for a cool charming Boy with Attitude
› No. 1 Construction
› I've got my own drivers license for this heavy traffic bike, so don't take the risk and be in my way
› Sportsfreund
› Adventure, Adventure – Safari in Africa Five Hundred Seventy Seven, Road Australia
› Sleepers Official Fan Club (Schlafanzug)
› Moonlight Rodeo (Schlafanzug)
› Club Member 4
› Baseball Academy finals 5
› Motorracing Classic Cars
› 103rd and 105th Greene Sq. Inc. fifth & third Inc.
› 1, 2, 3 Rumble Dumble in the Jungle
› No. 1 California Soccer Club
› Players
› More Play more Fun
› Safari, Jungle, Desert, Adventure
› Surfing (Badehose)
› Crash Ball 35

- Under Construction
- World Xtreme Speed Skiing Championship
- 1. FC Hotspurs
- Jump Styler
- Boy Scout Summercamp
- Wild Team 84 – Alternative Athletic Game Culture Institute
- Zebra Resort Lilongwe No. 34
- Safe Harb. Chicago / Illinois U.S.

Aufdrucke auf aktuellen Mädchenklamotten (bis Größe 104):
- Discover the amazing world of my cute ponys
- Fairies often whisper amazing secrets to all the flowers
- Love to rock!
- Glamorous basic rules
- 80s are back
- Draw my future, color my life
- 100% natural. Flowers are good for life
- Love free music
- Beaty Pleasure earth – you'll never want to leave (mit dem Schreibfehler)
- Have fun every single day
- Love
- Heart Check
- My dear friend … (Pferdekopf darunter)
- I've seen the world through my young eyes
- Princess 19
- Club Member 1952 Athletic Dept. Santa Monica all time favourite
- I'm more than a pretty pet! (Daneben ein großäugiges Kuscheltier)

- Las Vegas
- Littlest pet shop
- It's nice to be nice
- Wanna be a star. Little rocker superstar. (Rosa Herzchen drum herum)
- Never dance alone
- Urban girl
- Happy Flower

In den Kleinkindgrößen 68 bis 104 sind bei Ebay Deutschland zurzeit etwa 60 000 Kleidungsstücke für Mädchen im Angebot, aber nur 35 000 Kleidungsstücke für Jungs.

Von Kinderfeinden umgeben *Thomas*

Mich erreicht ein Brief vom Amt. Die Bürokratie meldet sich, weil ich einen Kita-Gutschein für Quinn beantragt habe. Leo, der Große, geht ja schon lange hin, und das ist auch längst genehmigt. Trotzdem verlangt man von mir auf einmal insgesamt elf Bescheinigungen und Unterlagen. Darunter eine Bestätigung meines Arbeitgebers von vor zwei (!) Jahren, dass ich damals (!) keinen langen Urlaub genommen habe. Ich frage mich ehrlich, warum sie nicht gleich nach Penislänge und allen Nebenjobs zu Teenagerzeiten fragen. Die Zettelei zu beschaffen dauert. Weil Quinn trotzdem wie geplant in die Kita soll, müssen wir den ersten Monat schön teuer selbst bezahlen.

Apropos Kita: Der kleine Silas, den Quinn und auch ich mochten, ein knapp zweijähriger grinsender Bär mit einer erstaunlichen blonden Mähne, ist von einem Tag auf den anderen weg. Seine Eltern sind umgezogen und leben nun knapp hinter der Grenze zum nächsten Bundesland. Die Grenze ist nun einmal in der Nähe, ich wäre mit dem Rad in zwanzig Minuten da. Sofort hat die Bürokratie zugeschlagen: Nicht einen weiteren Tag dürfen die Kinder noch weiter in der Einrichtung untergebracht werden! Schließlich muss verhindert werden, dass die Leute aus dem anderen Bundesland uns hier unsere knappen Kitaplätze wegnehmen. Es gibt nicht einmal eine Härtefallregelung, keiner denkt daran, dass es für den Jungen ein Schock sein könnte.

Seit ich Vater bin und meine Umwelt mit anderen Augen beobachte, ist folgende Theorie in mir herangereift: In Wirklichkeit interessiert sich niemand für Kinder, und niemand hilft dir dabei, sie aufzuziehen. Wie sonst ließe sich erklären, dass die Deutsche Bahn auf den meisten langen ICE-Strecken kein echtes Kinderabteil hat? Wie, dass es kaum irgendwo ordentliche Rampen gibt, vor Läden, S-Bahn-Stationen oder Denkmälern? Dass die Kinderarmut im Land jedes Jahr größer wird?

Eine Umfrage der Zeitschrift *Eltern* unter Paaren mit und ohne Nachwuchs zeigte: Selbst bei den Kinderlosen empfanden 75 Prozent das Klima in Deutschland als »kinderfeindlich«. Auch die Sachverständigen des »Familienberichts der Bundesregierung« reden von einer »strukturellen Rücksichtslosigkeit« dem Leben mit Kindern gegenüber. Die war schon in der alten BRD tief verwurzelt. Eigentlich sollte 1957 eine Kinderkasse gegründet werden, in die Geld für den Nachwuchs fließt. Doch der damalige Kanzler Konrad Adenauer vereitelte höchstpersönlich diesen Plan: Kinder bekämen die Leute immer, dafür müsse man sie nicht noch fördern.

Spielen verboten

Als ich kürzlich bei einem befreundeten Paar zum Abendessen eingeladen war, gab Maren, die Gastgeberin, sich plötzlich stolz als Kinderfeindin zu erkennen. Sie versuche gerade, einen Kindergarten im Erdgeschoss ihres Hauses zu verhindern, erzählte sie fröhlich und ohne rot zu werden. Dabei saß ich vor ihr und daneben ein anderer Vater. Trotzdem vertrat sie folgende Ansicht: Von ihrem Balkon aus habe sie unten Bauarbeiten für eine Sandkiste gesehen und dann sofort beim Vermieter und beim Kinderladen angerufen. Sie wolle hier nicht durch Kindergeschrei belästigt werden.

Maren wohnt ganz oben in dem Haus. Ihr Arbeitszimmer liegt im fünften Stock zum Hinterhof hin. Der Spielplatz läge gut 15 Meter darunter, und es würden sechs oder acht Kinder darin spielen, da es sich um eine ganz kleine private Einrichtung handelt. Dass eine aufgeklärte sympathische Frau wie Maren das so locker vertritt, entsetzt mich und kann nur eines heißen: Es ist gesellschaftlich geduldet, so zu denken.

Aber Achtung, es gibt noch viel üblere Beispiele. Im Münchner Stadtteil Untermenzing protestierte eine Armada von Bürgern gegen den Plan, eine Kita mit vierundzwanzig Plätzen zu errichten. Der Protest erreichte den überraschten Bürgermeister, noch bevor die Kindergarten-Gründer überhaupt ihren Antrag gestellt hatten. Das Argument der Anwohner: Es gebe doch so viele Gewerbeflächen, da könnten die Kinder hin. Es ist ganz ähnlich wie mit Ausländern oder Behinderten – der Bürger will sie einfach nicht sehen oder hören. Die städtische Kinderbeauftrage der »Weltstadt mit Herz« zählte zwölf ähnliche, oft aggressiv und mithilfe von Anwälten ausgefochtene Streitfälle in einem Jahr.

Aber in Berlin ist es auch nicht besser. Unlängst ging der Fall durch die Presse, dass im Stadtteil Friedenau die Kita »Milchzahn« schließen musste, weil der Nachbar sich durch Lärm gestört fühlte. Zweiundzwanzig Jahre lang war die Tagesstätte in diesen Räumen gewesen. Das Bezirksamt ließ den Geräuschpegel messen und kam auf 35 Dezibel. Jede Straße, auch eine Dreißiger Zone, erzeugt Lärm von 60 bis 90 Dezibel. Dagegen hat der Kläger sich nicht gewehrt, obwohl er eine vor der Haustür hat. Die Richterin entschied im Sinne des empfindlichen Nachbarn. Unter Aktenzeichen 77 II 18/07 WEG kann man nachlesen: »Es besteht die generelle Besorgnis, (…) dass die Betreuung (…) vermehrt störende Geräuschbelästigung mit sich bringt.« Das Landgericht hat diese Entscheidung später noch einmal bestätigt. Bürger gegen Kitas: Ähnliches passiert gerade in Hamburg-Othmarschen, dortige Eltern haben mit der Internetseite *kinder-wegsperren.de* eine kleine Bewegung gegründet. Sie sammeln auch Berichte über weitere ähnliche Fälle.

Die Lüge vom Lärm

Dass der Lärm das Problem sei, ist selbstverständlich eine Lüge. Lärm ist allgegenwärtig, wir leben in einer Welt aus Lärm. Der amerikanische Sound-Philosoph R. Murray Schafer hat das einmal die »Wanderwelle« genannt, den unterschwelligen Krach, der überall ist und alles durchdringt. Für ihn ein Kennzeichen der Moderne. Deutschland, das sich zurzeit wegen Kindergartenlärm aufregt, ist die Gesellschaft, die vom Autoverkehr dominiert wird. Das Autoland. Es ist völlig selbstverständlich und darf auch nicht in Zweifel gezogen werden, dass überall brüllend laute Straßen unsere Städte zerschneiden. Auch, dass in den Straßen Karosse an Karosse steht und das gesamte Stadtbild versaut. Mit dem Kinderwagen muss ich manchmal 200 Meter gehen, wenn ich über die Straße will. Alles ist eng zugeparkt, da ist kein Durchkommen. Gegen Kitas wird also im ganzen Land geklagt. Aber hat schon einmal jemand gegen die Fruchtallee in Hamburg geklagt? Gegen den Kölner Ring, die Leipziger Straße in Berlin?

Meine Frau kommt erschüttert von einer Bandprobe zurück. Eines der Ensembles, bei denen sie gerade vorspielt, hat seinen Probenraum in einer Straße, die eben umgebaut wird. Sofort haben sich ein paar Musikerkollegen mokiert: Da werde ja wohl wieder verkehrsberuhigt, und nachher finde man keinen Parkplatz. Alles richte sich heutzutage nach den ganzen Drillingskinderwagen, die hier lang müssen. Solidarität der Autofahrer, Stammtisch-Seligkeit, nur ohne Biergläser.

Warum überhaupt diese Häme gegen Eltern und Kinder? Dumme Sprüche kursieren über jeden Aspekt des Kinderkriegens. Über Spätgebärende macht man sich lustig. Über diese Stadtteile, in denen viele junge Eltern wohnen. Ob Berlin-Prenzlauer Berg, Hamburg-Ottensen oder das Münchner Glockenbachviertel – überall geht die Behauptung um, dieser Stadtteil habe »die höchste Geburtenrate Europas«. Eine völlig haltlose urbane Legende. So ist etwa die Geburtenrate in Berlin besonders niedrig, knapp unter dem Deutschland-Durchschnitt von 1,3 Geburten pro Frau. Der angeblich so kinderfreundliche Stadtteil Prenzlauer Berg liegt mit 1,0 sogar weit darunter. Im Europa-Vergleich sieht Deutschland bekanntlich ziemlich alt aus: Jährlich 8,24 Geburten pro tausend Einwohner. Das wird von allen anderen Ländern überboten: Norwegen steht bei 11,5, Frankreich bei 12. Wenn die Nörgler behaupten, es gebe in ihrem Stadtteil so nervig viele Kinder, ist das ein bisschen wie mit den Rechtsradikalen in Brandenburg oder Sachsen, die Ausländer hassen, obwohl bei ihnen kaum welche leben.

Wir werfen Windeln

Am nächsten Tag fahre ich abends völlig entkräftet mit den Kindern vom Spielen zurück nach Hause. (Leo hat gestrampelt und geschrien, er wolle mit seinem Freund Magnus »immer weiter spielen viele Stunden noch«. Quinn hat schon vorher geschrien und geweint, weil er offensichtlich nach Hause wollte.) Ein Polizist hält mich an. »Sie fahren da ein mehrspuriges Gespann«, sagt er. Er meint meinen Fahrradanhänger, in dem die Kinder sitzen. Ich muss erst mal über den Ausdruck nachdenken. Dann sage ich: »Äh, ja, das mag sein, Herr Polizeiobermeister.« Alter Trick: Staatsdiener immer weit über Dienstgrad anreden, das schmeichelt ihnen vielleicht. Diesmal klappt es aber leider gar nicht. Der Beamte hat keinen Humor. »Damit dürfen sie nicht auf dem Radweg fahren.« Wie, auf dem Gehsteig etwa? Zwischen den Fußgängern? »Selbstverständlich erst recht nicht.« Auf der Straße also, mitten in den Abgasen, die den knapp über Bodenhöhe sitzenden Kindern dann direkt in die Nase blasen. Zwischen Tramschienen und dem rücksichtslosen Autoverkehr.

Wutschnaubend fahre ich weiter, selbstverständlich nach wenigen Metern schon wieder auf dem Radweg. Während Leo hinter mir fragt »Was wollte der Mann?« und »War der böse?«, überkommen mich düstere Gedanken. Ich gründe eine Kinder-RAF, überlege ich mir auf dem Heimweg. Wir würden für eine Umwälzung der Gesellschaft kämpfen, für den Abbau aller »Spielen verboten«-Schilder, für weniger Autos und mehr Bolzplätze, gegen das Feilbieten von Überraschungseiern und ähnlichen Sauereien auf Kinderaugenhöhe im Supermarkt, für den Beginn des Schultags zu humanen Zeiten (9 Uhr). Bomben werfen wir natürlich nicht. Aber volle Windeln vielleicht.

Keine Karriere: Die Lüge von der Gleichberechtigung   *Julia*

Zwei Wochen nach Leos Geburt habe ich Elternzeit eingereicht: für eineinhalb Jahre. Dieser verbindliche Zeitraum – das ist so ziemlich die schrecklichste Entscheidung, die man um die Geburt herum fällen muss. Denn jetzt heißt es, sich eineinhalb Jahre lang nur mit dem Kind beschäftigen. Achtzehn Monate. Sollte man früher wieder den dringenden Wunsch nach Arbeiten verspüren, hat man Pech gehabt.

Dass ich Elternzeit nehme und nicht mein Mann, stellen wir als Anfänger gar nicht in Frage. Ist ja klar: Ich stille, und er verdient mehr. Und machen es nicht alle so? Also bleibe ich zu Hause. Als ich überlege, wie lange – sechs, zehn Monate, ein Jahr? – schwirrt mir der Kopf, und ich bekomme den ersten Milchstau meines Lebens.

Aha, so fühlt sich das also an! Die Temperatur schießt in die Höhe, meine Brust wird steinhart, knotig und schmerzt. »Stress«, sagt die Hebamme und legt mir eisgekühlte Weißkohlblätter auf. Ursula von der Leyen zieht in meinen Fieberträumen an mir vorbei, im grauen Kostüm. Sie ruft mir zu: »Es ist doch alles so einfach. Schau mich an!« Ich wache verschwitzt auf und sehe die aktuelle Ausgabe des *Spiegel* auf dem Nachttisch, von dem mir die damalige Familienministerin siegessicher entgegenlächelt. Keine Lösung scheint mir akzeptabel. Warum darf ich nicht erst mal sehen, wie sich die Dinge entwickeln, und in drei Monaten Bescheid geben? Deutschland steckt mitten in einer neuen Familiendebatte, und ich bin am Ende mit meinem Latein.

Der Mutterschutz beginnt hierzulande sechs Wochen vor dem Entbindungstermin. Angeblich fiebern viele Frauen diesem Termin entgegen, weil es dann doch langsam beschwerlich mit dem Arbeiten wird. Das sehe ich anders. Ich will noch gar nicht unbedingt aufhören. Ich fühle mich gut, ich werde gebraucht, die Kataloge für die neue Ausstellung sind gerade eingetroffen. Doch die Mutterschaftsvertretung steht schon Gewehr bei Fuß und ist innerhalb weniger Tage eingearbeitet.

Die ersten Tage zu Hause fühlen sich entsetzlich an. Liegt das an dem abrupten Ausstieg aus dem Job? Die Erde dreht sich ohne mich weiter. Offensichtlich schert es niemanden, ob ich noch da bin oder nicht. Ich warte sehnlichst auf Anrufe aus dem Laden. Erst kommen sie noch zahlreich, dann immer seltener. Meine Kollegen lästern, dass sie sich freuen würden, mal die Füße hochzulegen. Aber sie argumentieren aus der Sicht derjenigen, die morgen wieder zur Arbeit gehen.

Wenn man als junge Mutter dann zu Hause sitzt und sich neben dem Haushalt den lieben langen Tag um das Baby und sonst gar nichts kümmert, dann ist das, gelinde gesagt, beschissen. Dann kann man das ganze Gerede von der »unabhängigen, modernen Frau« vergessen. Das Stillen schafft eine totale Abhängigkeit. Alle paar Stunden muss das Baby angelegt werden, sonst bekommt man euterhaft vergrößerte Titten und das T-Shirt ist innerhalb von Sekunden milchdurchtränkt. Damit ist natürlich niemand gesellschaftsfähig. Und so erquicklich finde ich es auch nicht, mein Baby in der Öffentlichkeit zu stillen. Manchmal habe ich dann zu lange gewartet und ziehe mich verschämt aufs Klo zurück, um am Waschbecken Überschüssiges aus diesen Eutern herauszukneten, bevor ich meine hübschen Stilleinlagen wieder im BH verstecke. Das trägt nicht gerade zum Selbstwertgefühl bei.

Stigma Vollzeitmutter

Nach der ersten Euphorie über das Neugeborene falle ich in ein Loch. Es ist zwar noch nicht pathologisch, aber viele Frauen bekommen nach der Entbindung eine richtige Depression. Nicht nur einen Babyblues, wie die Vorstufe dazu reichlich verniedlichend genannt wird. Während mein Mann wie zuvor im Büro mit tausend Menschen telefoniert, mit den Kollegen zu Mittag isst und auf Termine geht, kurve ich im Watschelgang durchs Viertel und kaufe Nahrungsmittel und Windeln. Meine Schließmuskulatur ist noch geschwächt. Ein paarmal muss ich Leo unbeaufsichtigt in irgendeinem Café stehenlassen und voller Panik auf Toilette rennen, weil ich meine Ausscheidungen nicht mehr unter Kontrolle habe.

Ich habe viel Zeit, aber keine Freizeit. Die meisten Leute fragen mich irgendwann auch nicht mehr, was ich mache oder ob ich diese neue Ausstellung über Nam June Paik schon gesehen habe, sondern nur noch, wann ich denn mein Baby in die Kita zu schicken gedenke und wie's denn jetzt so wäre als Mama. Oder sie fragen überhaupt nichts. Bei den Abendessen, die mein Mann und ich veranstalten, weil wir abends immer weniger rauskommen, werde ich meist höflich behandelt, ansonsten aber komplett übergangen. Wenn das Kind aufwacht und schreit, springe ich gewohnheitsmäßig auf und verlasse den Raum. Wenn ich zurückkomme, ist das Gespräch schon wieder ganz woanders.

Am schlimmsten ist der hilflos hingestammelte Satz eines Freundes meines Mannes, der gerade von einem Kongress zurückkommt: »Und, äh, du bist jetzt so richtig Vollzeitmutter …?« Das entscheidende Wort würgt er förmlich aus der Kehle. »Vollzeitmutter« ist so ziemlich das vernichtendste Schimpfwort für meine Lage. Aber leider kann ich auch nicht aus dem Nichts heraus ein Feuerwerk an geistreichen Bemerkungen zaubern. Ich habe einfach nichts Spannendes zu erzählen, außer dass Leo mit Bronchitis im Bett gelegen hat und es bei der Drogerie um die Ecke gerade Ökowindeln im Angebot gibt. Oft dämmere ich auch ein wenig vor mich hin, weil ich total übermüdet bin und richtiggehend in mich zusammenfalle, wenn Leo mal schläft. Meinen mexikanischen Freund Horacio, der gerade über Foucault promoviert und mit dem ich immer so tolle Gespräche hatte, sehe ich überhaupt nicht mehr. Einzig meine liebe kinderlose Freundin Meike baut mich auf. Sie meint, sie wäre froh, mal was aus dem Familienleben erzählen zu können. Immer nur Job, das wäre auf Dauer ziemlich langweilig. Das echte Leben spiele sich doch ganz woanders ab. Mit dieser Ansicht steht sie aber allein auf weiter Flur.

Ich tue nichts anderes als für Leo da sein. Marschiere meine Wege mit dem Kinderwagen ab, erledige die Einkäufe, schweige vor mich hin, weil man irgendwann auch nicht mehr andauernd mit dem Kind spricht, diesem kleinen Wesen, das noch gar nicht antworten kann. Ich liebe das kleine Kerlchen, ich arbeite mich bis zur Erschöpfung an meiner Aufgabe ab, aber zugleich sind meine Tage so unfassbar langweilig. Ich ahne: Eine zusätzliche Aufgabe neben dem Kind würde mich nicht noch müder machen, sondern inspirieren, wach machen, anspornen. Doch mir fehlen die Vorbilder, weil es in Deutschland immer noch zu wenig Frauen gibt, die direkt nach der Geburt wieder arbeiten, und sei es an irgendeinem neuen Lebensprojekt. Auch meine Mutter dämpft mich: »Du musst erst mal Ruhe in deinen Alltag einkehren lassen, einen Rhythmus finden.« Nett gemeint, aber seien wir mal ehrlich: Ruhe? Rhythmus? Das sind doch eh zwei Variablen, die mit einem Kind nie zu haben sind.

Auf der Straße treffe ich Laetizia mit Kinderwagen. Wir kennen uns aus dem Geburtsvorbereitungskurs. Sie ist Physiotherapeutin, hat aber noch gar keine Lust, wieder zu arbeiten. Mit strahlendem Gesicht erklärt sie: »Ich genieße das alles gerade so.« Ihr Freund, ein Orchestermusiker, hat ständig Proben, sagt sie, also ist sie weitgehend allein mit dem Baby. Es ist ihr gutes Recht, das super zu finden. Mich aber macht es unglaublich wütend, und ich wünsche mir, dieser Frau nie wieder über den Weg zu laufen.

Fürs Kindererziehen gibt es keinerlei gesellschaftliche Anerkennung. Meine Freundin Katrin gesteht mir, dass sie ihre Mutter immer langweilig fand, denn die war ja die ganze Zeit zu Hause. Ihr Vater, dessen Beruf sie als Kind noch nicht einmal benennen konnte (ich weiß bis heute nicht, was er gemacht hat, irgendwas Technisches), war viel interessanter. Sie hätte sich immer ein bisschen lustig gemacht über diese Frau, die den ganzen Tag in der Küche stand und sich für sie abplagte und dabei herumschrie. Kam aber der Vater von einer Geschäftsreise heim, dann war er der heiß umworbene Held. »Und natürlich hatte er auch immer ein Geschenk mit dabei«, ergänzt Katrin süffisant.

Die lächerlich geringe Rente, die meine Mutter heute bekommt, obwohl sie als Hausfrau und dreifache Mutter wie ein Berserker gearbeitet hat, gleicht mehr einem Taschengeld als einer angemessenen Altersversorgung.

Wie war dein Tag, Schatz?

Mit meinen Gedanken bleibe ich leider allein. Kind und Job, das ist nach wie vor ein absolutes Frauenproblem. Auch mein Mann geht erst mal weiter ins Büro und freut sich, wenn er morgens und abends das Baby sieht. Um die Vereinbarkeit von Beruf und Familie macht er sich zunächst keine Sorgen. Ich fange an ihn zu beneiden, dann beinahe zu hassen, weil er überhaupt nicht versteht, was ich eigentlich habe. Ich heule: »Der einzige Unterschied zwischen uns ist, dass ich stille und du nicht.« »Bitte«, schnauzt mich mein abgespannter Mann irgendwann an. »Wir können gerne tauschen. Du kannst ja ab morgen für mich ins Büro gehen, wenn du willst.« Abends ist die Stimmung nun oft gereizt. Da merke ich, dass auch bei ihm etwas passiert. Mein Mann will auch mal Zeit mit dem Kleinen verbringen, sich in der Jogginghose auf dem Fußboden herumlümmeln, raufen oder vorlesen. Und er will, dass Leo nicht als Erstes immer zu Mama krabbelt, wenn es brennt.

Mit der Zeit merken wir: Diese Ausschließlichkeit – du Kind, ich Beruf – macht uns beide total unglücklich. Wir sind auf dem besten Wege, einander zu verlieren. Keiner versteht, was der andere eigentlich den ganzen Tag macht, und ständig kämpfen wir um Anerkennung für das, was wir geleistet haben. Ich will, dass er abends sagt: »Toll, Leo ist schon im Bett, und du hast es ja sogar noch geschafft, was zu kochen und aufzuräumen.« Er erwartet von mir Verständnis dafür, dass er auch mal müde ist, weil er an dem Tag in der Redaktion so viel schreiben musste. Und trotzdem hat er auf dem Heimweg noch eingekauft. Es ist wie ein ständiger Wettbewerb, der uns nur zermürbt. Wenn es ganz schlimm kommt, fliegen Bücher und Teller durch die Gegend. So heftig wie jetzt haben wir noch nie gestritten. Es muss einfach andere Möglichkeiten geben als dieses eingefahrene Schema, dem auch die meisten anderen folgen!

Nach einem Jahr haben wir einen Kitaplatz, und ich freue mich. Nicht nur für mich, auch für Leo. Endlich darf er den ganzen Tag mit anderen Kindern spielen. Das Herumgesitze, während ich gekocht, aufgeräumt oder Wäsche gewaschen habe, muss am Ende arg langweilig gewesen sein. Plötzlich gehört der Tag zwischen 9 und 15 Uhr wieder mir, bevor ich mein von oben bis unten verdrecktes und glückliches Kind am Nachmittag abhole.

Mama-Mobbing: Der Student ist billiger

Sofort bemühe ich mich um eine Teilzeitstelle bei meinem alten Arbeitgeber. Zwar habe ich noch Elternzeit, aber laut Gesetz steht dem Wunsch nach einer maximal dreißigstündigen Tätigkeit nichts entgegen, es sei denn, die Firma hat dringende betriebliche Gründe vorzuweisen. Das ist nicht der Fall. Und trotzdem nimmt sie mich nicht. Weil sie lieber Studenten beschäftigt, denen sie einen Stundenlohn von 9 Euro zahlt. Das heißt, es *gibt* Bedarf an Teilzeitkräften, aber ich bin schlicht zu teuer. Man sagt mir: »Mit den Müttern, das ist immer so ein Problem. Am liebsten wäre es uns, wenn Sie sich was anderes suchen. Aber nehmen Sie's nicht persönlich.« Ich bin wie vor den Kopf geschlagen. Bisher hatte ich von so was nur gelesen, und jetzt bin ich selbst raus aus dem Rennen.

Mein Mann hat nach langem Überlegen auf eine halbe Stelle reduziert. Was andere als Makel sehen, stimmt ihn heilfroh. »Zu viel Büroluft macht krank«, sagt er. Den Alltag teilen wir nun überwiegend gemeinsam mit Leo. Ich beginne, Artikel für die Zeitung zu schreiben. Ich kann mir die Zeit frei einteilen und das meiste von zu Hause aus erledigen. Manchmal nutzen wir beide auch schamlos einen Vormittag, um etwas zu unternehmen, und setzen uns dann abends noch mal an den Schreibtisch. Mein Mann widmet sich verstärkt der Musik und verschwindet mindestens einmal die Woche komplett in seinem Arbeitszimmer, das er als kleines Tonstudio ausgebaut hat. Mal wieder ein Paar zu sein tut uns gut.

Gerade denken wir, dass das der richtige Weg sein könnte, da schlägt das Imperium noch einmal zurück. Meine Tante Mina und ihr Mann Thorsten kommen zu Besuch. Sie haben sich gerade ein altes Forsthaus bei München gekauft. Mina erklärt allen Ernstes: »Ein richtiger Mann muss das Geld verdienen«, zumindest den Löwenanteil des gemeinsam Salärs. Es wäre ihr nicht recht, wenn sie mehr verdienen würde als er. Sich als Frau etwas hinzuverdienen, sei hingegen eine schöne Sache und schaffe ein gewisses Maß an Unabhängigkeit. Das klingt ja wie in Loriots Sketch mit dem Jodeldiplom! Thorsten hetzt inzwischen meinen Mann auf: Er solle sich nun endlich mal um die Karriere kümmern und ordentlich Geld verdienen, jetzt seien die Bedingungen für einen Hauskauf gerade günstig. Ich fahre die Stacheln hoch und protestiere: »Ihr Lieben, das ist doch Steinzeitdenken.« Ich merke, hier geht es ums Ganze. In unserer immer noch labilen Lage müssen wir solche Missionare von uns fernhalten.

Richtiger Mann, richtige Frau ... Bin ich denn eine »richtige« Frau und »gute« Mutter, ist mein Mann ein »guter« Vater und »richtiger« Mann? Ehrlich gesagt, hat mich diese Frage bisher einen feuchten Kehricht interessiert. Offenbar verhält sich aber mein Liebster nach den landläufigen Kriterien höchst unmännlich, weil er neben dem Job ernsthaft Lust auf Kindererziehung hat, sich gerne mal an meiner Schminke vergreift und samstags zum Yogaworkshop geht.

Na und? Ich liebe diesen Menschen nicht aufgrund seiner Männlichkeit oder Weiblichkeit. Ich hab mir eben zufällig diese Person ausgesucht, mich in sie verliebt und Kinder mit ihr bekommen. Sie hat Brusthaare und einen Schwanz zwischen den Beinen, der mir gut gefällt und das Kinderkriegen enorm erleichtert hat. Das war es aber auch schon. Mehr gibt es zum Thema Geschlecht nicht zu sagen. Im Hinblick auf unsere Elternschaft ist es viel wichtiger, dass keiner den anderen im Stich lässt. Ob es nun um den Beruf oder um die Kinder geht.

In Deutschland ist es verdammt schwer, ein paar Kinder und ein erfüllendes Berufsleben zu vereinbaren. Sei es wegen mangelnder Kitaplätze, wegen des die Alleinverdienerehe begünstigenden Ehegattensplittings oder unflexibler Arbeitsmodelle. Dazu kommt das romantische Mutterbild, das immer noch in den Köpfen der Deutschen herumspukt. Es wäre einfacher, sich den althergebrachten Strukturen zu fügen, Männlein geht raus, Weiblein bleibt zu Hause, willkommen in den fünfziger Jahren, obgleich die meisten Politiker inzwischen etwas anderes proklamieren.

Bekommen die Falschen die Kinder?

Zurzeit herrscht die allgemeine Klage über »kinderlose Akademikerinnen«. Inzwischen hatten wir Sprüche wie den des Bundesbankvorstands und ehemaligen Berliner Finanzsenators Thilo Sarrazin, der äußerte, dass die Türken Deutschland »über eine höhere Geburtenrate erobern«. Und der FDP-Abgeordnete Daniel Bahr lamentierte schon vor fünf Jahren darüber, dass in Deutschland die »Falschen« – nämlich die »sozial Schwachen« – die Kinder bekämen. Heute ist der Mann immerhin parlamentarischer Staatssekretär im Gesundheitsministerium. Diese quasi eugenische Argumentation ist Teil einer Debatte um das meist vermurmelt benannte Phänomen der »Unterschicht«, die sich, so die Befürchtung, massenhaft reproduziere, während die durchschnittliche deutsche Akademikerin nur 0,9 Kinder bekomme. Mit dem neuen, unter Ursula von der Leyen eingeführten Elterngeld, das 67 Prozent des monatlichen Nettoeinkommens beträgt und bis zu vierzehn Monate nach der Geburt gezahlt wird, will man vor allem diese Frauen dazu bringen, ein Jahr beruflich auszusetzen und Kinder in die Welt zu setzen.

Der Zynismus in dieser Debatte stinkt zum Himmel. Mir, obwohl ich sogar Akademikerin bin, bringt das neue Gesetz auch nichts, solange sich mein Arbeitgeber gegen eine Verminderung der Arbeitszeit und gegen Elternteilzeit sperrt. Das hört man übrigens oft. Männer dagegen werden noch belächelt, wenn sie länger als zwei Monate Elternzeit nehmen wollen, um bei ihrem Kind zu sein. Und auch man selbst tut sich mitunter schwer, sich von alten Mustern zu lösen. Ein Freund erzählt mir, seine Frau, die bei einer großen Softwarefirma angestellt ist, verdiene deutlich mehr als er. Und doch ist sie es, die zuerst die Elternzeit nimmt und dann nur noch halbtags weiterarbeitet.

Und was soll man zu von der Leyens Nachfolgerin Kristina Schröder sagen, die sich in der *Welt am Sonntag* geschäftig im flotten Auto mit Multifunktionshandy ablichten lässt, auf *Facebook* täglich über ihre Termine Auskunft gibt und in der Presse dann sagt: »Ich will die erste Frau sein, die Ehe, Kinder und Karriere unter einen Hut bringt, ohne dass irgendein Teil darunter leidet und ohne jemals zur Feministin zu werden«? Ist Feminismus wirklich so aus der Mode gekommen? Denkt man jetzt wirklich wieder, Feministin zu sein wäre gleichbedeutend mit griesgrämig, spaßfeindlich, hässlich und ewiggestrig? Ein bisschen mehr Reflexionstiefe könnte man von einer jungen Ministerin schon erwarten, deren Job es ist, sich für die Vereinbarkeit von Familie und Karriere vor allem für Frauen einzusetzen.

Jeder kann das sehen, wie er will. Aber mein Mann und ich sind uns sicher: Das Ziel muss halbe-halbe sein. Wenn wir uns während der ganzen Woche nur am Abendbrottisch sehen und jeder frustriert ist, weil er denkt, der andere hat es aber heute besser gehabt, bei der Kindererziehung oder im Büro, dann zerbricht über kurz oder lang unsere Beziehung.

Ich will keine Brüste mehr sehen! *Thomas*

Meine Frau behauptet, ich sei sexbesessen. Mit diesem Vorwurf kann ich natürlich grundsätzlich gut leben, das ehrt mich quasi. Andererseits finde ich es etwas ungerecht, denn unser Alltag lässt uns ohnehin keine Chance dafür.

Ich weiß noch, wie alles anfing. Mein Freund Theo, der zwanzig Jahre älter ist als ich und ein angenehmer Besserwisser, riet mir kurz vor der Geburt: »Du musst das Sexniveau hochhalten.« Er meinte die Frequenz. Also »möglichst viel pro Woche«, denn die Häufigkeit sinke nach der Geburt so oder so. Hält man sie vorher hoch, sei sie hinterher immerhin noch erträglich. Klingt genial einfach. Es hat nur nicht geklappt.

Ich komme nachmittags von einem Termin zurück, zu Fuß, weil das Wetter schön ist, und mein Freund Roger ruft an. Er lebt in Hamburg, wo er gerade am Hafen, bei den Landungsbrücken, in der Sonne sitzt und einen freien Nachmittag genießt. »Mann, die Bräute hier, du müsstest hier sein, da kann man hervorragend Titten glotzen!« Er ist da eben etwas direkt, aber ehrlich gesagt: Jahrelang haben wir so geredet. Man setzt sich im Sommer auf eine Bank oder einen Rasenstreifen im Park und späht einfach mal umher, was die Damenwelt so trägt. Knappe Kleider, modisch Ausgefallenes, enge Sachen werden bevorzugt zur Kenntnis genommen. Dabei empfiehlt sich eine blickdichte Sonnenbrille, damit nicht gleich auffällt, wo man hinstarrt. Das ist eine Kulturtechnik, die alle Männer im Teenageralter entwickeln, bis zur Perfektion treiben und nie wieder vergessen.

Es ist ja nicht so, dass sich das alles grundsätzlich ändert. Aber man wird, wie ich schockiert feststellen musste, ein bisschen müde. Meinem Freund Roger sage ich gleich ab: »Kein Bedarf, und weg kann ich hier eh nicht.« – »Mann, bist du ein Spießer geworden!«, antwortet er und lacht, denn das ist natürlich das Zitat eines Zitats, ein alter Vorwurf, den sich Freaks in den Siebzigern machten und den sie damals schon ironisch meinten. Wenn der wüsste.

Unter Vätern funktioniert das etwas anders. Man kommuniziert indirekter. Mein Bekannter Herbert, der eine kleine Tochter hat, gibt mir einen Tipp: dieses neue Kindercafé Wolkenzwerg. Er flüstert, als sei das eine Kneipe, in der Joints verkauft werden. Es ist aber einfach nur ein großes Café mit noch größerer Spielecke, eines der neuen Elterncafés, die zurzeit wie Pilze aus dem Boden schießen. Es gibt ein tolles Klettergerüst im Hinterzimmer und, jetzt kommt's: »Die Wirtin, also die Betreiberin, sieht toll aus, richtig scharf. Außerdem sind wir so ziemlich die einzigen Kerle dort, ist doch der Hammer.« Herbert kennt sich aus, er ist der einzige Mann, den ich kenne, der es endlich mal anders macht als üblich: Er nimmt zwölf Monate Elternzeit und seine Frau nur zwei. Er hatte Lust dazu, sie hatte Lust dazu, und so ging seine Frau kurz nach der Geburt wieder ins Büro. So einfach ist das.

Bitte nicht als Lust interpretieren

Herbert gibt regelrecht an damit. »Ja, er kann das toll finden«, kommentiert meine Frau, als ich ihr davon berichte. Für ihn als Mann ist es eine freie, ehrenwerte Entscheidung. Wenn meine Frau irgendwo erzählt, dass sie jetzt mindestens ein Jahr zu Hause bleibt und sich um die Kinder kümmert, gähnen die Leute nur.

Wie auch immer. Ich verabrede mich also mit Herbert in dem Café. Herbert geht mit seiner Kleinen jeden Tag eine Stunde hin.

Ich nehme meinen großen Sohn mit, Leo ist für Neues immer zu haben. Die Frau, die den Laden schmeißt, ist wirklich schick, topmodisch und auch selbst Mutter. Als Herbert nach zwei Tee, einem Keks und zweimal Trösten wegen Streit um das schönste Dreirad weiter muss, hat mein Sohn Leo natürlich gerade erst richtig angefangen. Er will das Klettergerüst weiter erkunden. Wir bleiben also, und ich sehe mir die Szenerie an. Zur Mittagszeit ist der Laden voll. Frauen, Frauen, Frauen. Nicht ein einziger Typ außer mir, wenn man die unter Vierjährigen nicht mitrechnet.

Irgendwann treffe ich doch noch mal einen Mann, vorn an der Wanne mit den bunten Bällen. Wir unterhalten uns ganz nett, und ich freue mich schon: Also doch noch einer, der sich mal um die Kinderbetreuung kümmert! Aber Pustekuchen: Wie sich am Ende des Gesprächs herausstellt, hat der Kerl Geburtstag und deswegen freigenommen.

Eigentlich kann man Vätern die demonstrative Abwesenheit bei der Kinderbetreuung nicht einmal richtig übel nehmen. Denn man bekommt nicht gerade das Gefühl, besonders erwünscht dabei zu sein. Das wird mir klar, als ich in den Kinder-Eltern-Magazinen blättere, die im Café ausliegen. Ich gehe einfach nur die Werbeanzeigen durch. Mit dem Slogan »Liebe Mama, nicht verpassen!« bewirbt eine Firma das teure Einlagern von Nabelschnurblut, wegen der Stammzellen, die später angeblich gegen Krebs und anderes helfen sollen. Auf zwei von drei Anzeigen ist eine beseelt grinsende Frau abgebildet, die sich an ihr Kind schmiegt. Diese immer gleiche Pose kann offenbar für Schmerzmittel-Saft, Zahnungs-Mundgel, Hautcreme, Nasentropfen und Ölbäder werben. Nirgends schmiegt sich ein Vater an, obwohl ich das auch gern tu. Dann noch der ganze Schwangerschaftskrempel. »Ich bin bald Mami«, ruft es in rosa Buchstaben – da wird man ja eh systematisch ausgeschlossen.

Im redaktionellen Teil dieser Hefte gibt es doch noch einen Artikel über Männer, etwa, wie sie beim Stillen außen vor bleiben und das aber nicht schlimm finden. Dann lese ich noch Tipps für den werdenden Vater: »Schwangere sehnen sich nach Zärtlichkeit. Bitte nicht als Lust auf Sex fehlinterpretieren. Sonst schlafen Sie auf dem Sofa!«

Es reicht. Heft weg. Lieber wieder umschauen.

Gefährliche Frauen unter sich

Die Frauen ignorieren mich ganz offensichtlich und haben sich darauf eingestellt, dass sie unter sich sind. Man merkt es unter anderem daran, dass sie ständig ihre Brüste rausholen. In einem dieser Coffeeshops nach amerikanischem Vorbild sah ich gerade eine Frau beim Stillen, die sich genau in der Mitte des Cafés positioniert hatte, auf einem Barhocker. Dort packte sie ihre Brust komplett aus und ließ das Baby dran saugen. Eine schön zur Schau gestellte lebende Skulptur des Amazonentums, denke ich dann. Ich muss darauf hinweisen, dass Amazonen nicht sexy sind, sondern gefährlich. Weibliche Krieger. Die Argonauten, die härtesten Brecher des alten Griechenlands, wagten sich an bestimmten Abschnitten ihrer Reise nicht an Land, weil sie dort Amazonen vermuteten. So leicht lässt der männliche Erotomane sich erschüttern.

Plötzlich sehe ich die gefährlichen Frauen überall. Auf dem Spielplatz in unserer Straße gibt es eine. Sie ist ständig da, kommt immer vor mir und geht immer nach mir. Sie spielt mit ihrem Kind, einen Mann gibt es offenbar nicht, oder er hält sich aus allem heraus. Ich sehe sie immer, denn ich muss jeden Tag dort vorbei, ob zur Arbeit oder zur Kita. Auch die Spielplatzfrau stillt ihre Tochter, die schon dreieinhalb sein muss. Auch sie zieht dazu alles hoch. Als ich sie im Sand herumtollen sehe, fällt mir auf, dass sie übrigens auch keine Unterhose trägt. Nur muss ich eher aus Verwirrung dauernd hinstarren.

Frauen wie diese tragen ostentativ den Stolz vor sich her, nur noch Mutter zu sein. Es sei ihr gutes Recht. Aber noch den krassesten Testosteronprotz stürzt so was in erotische Verwirrung. Deswegen reagiere ich kurz angebunden, wenn mein alter, kinderloser Kumpel aus Hamburg anruft und erzählt, man könne am Hafen heute wieder heiße Ladys angaffen.

Der Durchschnittsmann träumt seit seinem dreizehnten Lebensjahr davon, dass Frauen sich hemmungslos vor ihm entblößen. (Sofern er nicht homosexuell ist, aber Schwule haben ohnehin manche Vorteile bei all den Themen, um die es hier geht.) Und wenn dieser pubertäre Traum dann wahr wird, nämlich im Kindercafé zwischen all den Stillenden, dann möchte man sofort die Flucht ergreifen.

Vielleicht fällt mir so etwas auch nur deshalb auf, weil ich mich plötzlich in einer reinen Frauenwelt befinde. Ob in den Krabbelkursen, in den Kindercafés, auf den Spielplätzen, überall sitzen nur Frauen. Es ist lächerlich. Vormittags auf der Straße – all die Kinderwagen, Buggys und Karren werden von Frauen geschoben. Es gibt keine Vormittagsväter. Dabei sollte dieses Land doch angeblich modern werden. Alle außer der CSU wollten das. Oder habe ich etwas missverstanden?

Das Siechtum des Feminismus

Frauen reden alle leider immer nur dasselbe: Wie gut oder schlecht klappt es mit dem Stillen, welche Breisorte bekommt das Kind und wie lange, wann bekommt es Zähne? Als wäre es nicht genug, dass man den ganzen Tag mit dem Kind zusammen ist, als könnte man nicht unter Erwachsenen mal fünf Minuten über was Normales sprechen. Vergeblich zerbreche ich mir den Kopf, worüber ich eigentlich früher mit Frauen geredet habe, wenn ich sie kennenlernte, an der Uni, auf einer Party, sonstwo. Ich kann mir nicht mehr vorstellen, mich mit Frauen noch mal über irgendetwas anderes als Nuckelfläschchenmarken zu unterhalten. Wahrscheinlich werde ich noch im Altersheim, wenn ich mich an eine Zimmernachbarin ranmachen will, fragen: »Bobby-Car oder Dreirad?«

Mit Männern ist das glücklicherweise anders. Sie sind nicht so total besessen von der Säugetier-Rolle, und sie verkaufen auch nicht gleich ihre ganze Seele an die Babymilchpulver- oder Windelindustrie. Mit den wenigen Kerlen, die sich auch mal im Krabbelkurs oder auf dem Spielplatz sehen lassen, redet man dann ein bisschen allgemeiner darüber, wie es so ist mit Kind, wie man die Beziehung und den Alltag organisiert (denn es ist ja sonnenklar, dass sie auch noch etwas anderes machen). Und man kann dann auch mal ein paar Worte darüber verlieren, dass Heavy Metal überraschenderweise wieder ziemlich erfolgreich ist.

Wenn ich jetzt viel Zeit hätte, würde ich mich darüber wundern, warum der gute alte Feminismus eigentlich so tot ist. Mir ist bekannt, dass Latzhosen und kurze lila Haare sich nicht durchgesetzt haben. Aber ganz ehrlich, wenn ich Frau wäre, ich wäre stinksauer. Warum die Damen so genügsam sind, ist mir schleierhaft. Aber bitte, das ist nun wirklich nicht mein Problem.

Bei *Welt.de* entdecke ich einen tollen, ausführlichen Artikel zur Situation der Frau in der heutigen Gesellschaft. Einen hervorragend recherchierten, sehr informativen Text, der mit zahlreichen Klischees über Männer und Frauen aufräumt. Der Artikel ist quasi das Gegenprogramm zu Mario Barth. Er untermauert nicht den Schwachsinn, den man über die Geschlechter im Kopf hat, sondern formuliert neue, interessante und schöne Erkenntnisse. Vor allem, dass laut neuer Studien Frauen und Männer gleich intelligent und gleich geeignet für alle Jobs sind. Und was sagen die Online-Leser dazu, die zurzeit größtenteils männlich sind? 85 Prozent kommentieren, dass sie den Artikel doof finden. Sie schreiben zum Beispiel »Alles Hetze gegen Männer«. So viel ist noch zu tun für den Feminismus. Keine Ahnung, was mit den Frauen los ist: Würde ich zu der Gruppe gehören, die derartig veralbert wird, ließe ich das nicht so auf mir sitzen.

Noch ein Beispiel: Der ohnehin lächerlich geringe Anteil von Frauen im deutschen Management geht seit Jahren sogar zurück. 2008 gab es unter den 1721 Vorstandsmitgliedern hiesiger Unternehmen gerade mal 42 Frauen, das sind 2,4 Prozent. Drei Jahre vorher waren es noch etwas mehr gewesen.

Die Sozialforschung hat bisher keine gute Theorie dazu, warum das so ist. Ich kann es euch sagen. Die Frauen sind nicht in Vorständen und Ministerien, weil sie alle hier sitzen, im Kindercafé, und einander strahlend mit Geschichten über Windeln und die richtige Ersatzmilch vollsülzen. Und nicht eine der Mütter hier kommt auf die Idee, mal ein anderes Thema anzuschneiden und ihre Genossin, der gerade ein Junge an der rechten Brust hängt, einfach mal zu fragen, welche Punkband besser war, die *Ramones* oder die *Pistols*. Ob Balzac oder Goethe cooler ist, warum die DFB-Fußballerinnen viel erfolgreicher sind als ihre männlichen Kollegen, warum immer mehr Mädels auf dem Oktoberfest Dirndl tragen müssen, irgendwas, meine Güte, es gibt doch genug Themen! Und sei es nur die Frage, warum eigentlich so wenig Männer zu sehen sind, hier und überall, wo viele Kinder sind. Aber es könnte ja wehtun, wenn man sich das ehrlich vor Augen führen würde. Also doch lieber weiter über Pulvermilch reden!

III Der innere Kampf
Angst essen Eltern auf

Wohin mit meiner Wut? *Julia*

»Du bist so humorlos!« sagt mein Mann öfter zu mir, wenn ich angespannt durch die Wohnung laufe und auf seine wohl als Auflockerung gedachten Witze nicht reagiere. Manchmal frage ich mich auch: Ist mir durch die Kinder tatsächlich meine gute Laune abhandengekommen? Erstaunt beobachte ich bisweilen Mütter, die seufzen, es wäre ja doch ganz schön anstrengend mit den Kleinen, dabei aber immer noch lächeln. Womit sie zeigen wollen: Sie sind Herrin der Lage. Der »Fels in der Brandung«. Eine Wendung, die mich eigentlich total aufregt. Gerne vergibt man sie an Frauen und bemäntelt damit positiv die weibliche Zwanghaftigkeit, für alle Familienmitglieder mitzudenken, zu putzen und aufzuräumen, und eventuell sogar noch ein Berufsleben zu haben.

Wer Kinder hat, muss, da herrscht Konsens, urplötzlich umsichtig, vernünftig, immer diskussionswillig sein. Und man muss stets bereit sein, sich auf Zuruf unter dem Sofa zu verstecken oder ein Legoschiff zu bauen, weil den lieben Kleinen gerade danach ist. Auch wenn man vielleicht gerade einen dampfenden Kaffee und den Kulturteil der Zeitung zur Hand genommen hat und sich darauf freut, nach einem anstrengenden Tag einmal ein paar Minuten im Sessel sitzen zu können. So wie man es im vorherigen Leben auch gemacht hätte. Das Prinzip »FH – Füße hoch« gilt mit Kindern aber nicht mehr. Es ist wie mit diesem Spielzeugaffen, der unentwegt das Becken zwischen den Händen zusammenschlägt, die ultimative Nervensäge. Stell dir vor, er läuft den lieben langen Tag (und manchmal auch die Nacht) hinter dir her und hört nicht auf mit seinem Geklapper. Egal, wo du bist, der Affe findet dich. Ich gebe es zu, ich kann ein echter Griesgram sein. Ich habe gern Leute um mich, aber ebenso gern hab ich mal meine Ruhe. Wenn man mich triezt, werde ich ungenießbar. Wenn ich dann noch unausgeschlafen bin, erst recht. Bin ich deshalb als Mutter eine Versagerin?

Zwischen Wollen und Können liegt ein Abgrund. Mein Dasein ist bestimmt vom ständigen Versuch, gegenüber den Kindern pädagogisch wertvoll zu agieren. Das hat nichts mit der Organisation von Frühförderkursen, Öko-Holzspielzeug oder überzogenen Moralvorstellungen zu tun. Aber wohl mit dem Anspruch, als Gesamterscheinung Vorbild zu sein und wenigstens innerhalb der Familie klar und vernünftig zu kommunizieren. Dieses Projekt ist zum Scheitern verurteilt. Einfach, weil ich keine übermenschlichen Fähigkeiten habe, weder eine eiserne Selbstdisziplin noch eine Ausbildung zur Mediatorin.

Von meinen Söhnen verlange ich unter anderem, dass sie ordentlich essen, nicht so viel in der Nase bohren und nicht an den Nägeln kauen. Wenn sie sich danebenbenehmen, also meistens, bin ich hilflos. Ich gucke auf meine angefressenen Nägel und merke, ich selbst bin das schlechteste Vorbild der Welt.

Noch so ein Beispiel: Leo stellt seinen Teller auf den Knien ab statt auf dem Esstisch. Ich ermahne ihn: »He, seit wann essen wir von den Knien?« Leo zeigt auf mich, und ich gucke an mir herunter. Ich habe die Beine leger übereinandergeschlagen, bin vom Tisch abgerückt und balanciere beim Essen meine Müslischale in der Luft. Betretenes Schweigen.

Oft schreie ich die Kinder oder meinen Mann an, weil mir schlicht die Kraft für konstruktive Verhandlungen fehlt. Das funktioniert nur leider nicht. Wenn ich den Großen anschreie, schreit der kurz danach den Kleinen an, und der Kleine dreht sich um und schreit seine Puppen an. Wenn Leo einen seiner berüchtigten Wutanfälle bekommt und ich zur Abwechslung mal die Gelassenheit in Person bin, animiere ich ihn nun also, ins Sofakissen zu hauen statt mit der Holzlok auf den Kopf seines kleinen Bruders. Zur Wutabfuhr rufen wir zwischendrin harmlose Worte, die ihn meistens irgendwann zum Lachen bringen: »Du ... Erdbeerkuchen!« Wumms. Erster Schlag ins Kissen. »Du Popelzwerg!« Zack. Zweiter Schlag. »Fußmatte!« Fetzzz. Und so weiter.

Die Erzieherin und Entspannungstrainerin Petra Reeg-Herget hat in Kindergärten ein sogenanntes »Power-Training« entwickelt, bei dem sich die Kinder mit »Bataken« (eine mit festem Leinen überzogene Schaumstoffrolle), Kissen oder Boxsäcken prügeln dürfen. Allerdings nach klaren Regeln. Offenbar brauchen auch Eltern das – womöglich sogar noch dringender. In dem Internet-Forum *wer-weiss-was.de* empfehlen geplagte Eltern einander, Boxsäcke oder Punchingbälle im Keller aufzuhängen und darauf einzudreschen, wenn sie mal Dampf ablassen müssen. Oder alte Teller zu zerdeppern, die Matratze zu verhauen, Zeug durch die Gegend zu schmeißen, heiß zu duschen oder in den Wald zu fahren und zu brüllen. Schön und gut. Manchmal schaffe ich es auch, akute Verzweiflung und Müdigkeit in einer liebevollen Rauferei mit den Kindern zu überwinden. Leider breche ich dann zwei Stunden später, wenn sich der Adrenalinschub gelegt hat, vollständig zusammen. Dabei hätte mir der Gedanke von der Sublimierung so gut gefallen.

Kinder sind ein Glück
(und Mama und Papa auch nur Menschen)

Solchermaßen unzufrieden mit mir selbst, fällt mir das neue Buch vom Kinder- und Familientherapeuten Wolfgang Bergmann in die Hände: *Warum unsere Kinder ein Glück sind*. Das Buch kommt angenehm unaufgeregt daher. Schon den Titel kann man nur begrüßen: die Wörtchen »Kinder« und »Glück«. Man muss sich hin und wieder mal in Erinnerung rufen, dass unsere Kinder im Grunde perfekt sind. Nur wir Erwachsenen haben eine Menge verlernt. Und da wir unsere Gewohnheiten so schwer aufgeben können, reiben wir uns auf und versuchen sie in unserer Not nicht selten mit Brüllen und Strafandrohung in den Griff zu bekommen. Denn meistens sind wir Eltern ja so genervt, weil wir irgendetwas wollen, und wenn es nur unsere Ruhe ist. Die Kinder wollen aber auch immer was, meistens ganz was anderes als wir. Ständig geht es um die Abwägung von Interessen und Bedürfnissen.

Jeder kennt das: Wir Erwachsenen müssen immer dringend irgendwohin. Zum Kindersport, zur Arbeit, Einkaufen, irgend so etwas. Unser Kind will aber lieber noch ein bisschen mit seinem Kasperletheater weiterspielen. Ein unvermeidlicher Streit entbrennt, und am Ende stehen wir mit einem heulenden Elend auf der Straße und sind komplett gestresst. Der Tag ist im Eimer. Laut Bergmann besteht der große Fehler darin, dass wir unser jeweiliges Vorhaben (und sei es uns just eben erst durch den Kopf geschossen) für das Allerwichtigste auf der Welt halten. Man sollte sich in solchen Situationen fragen: »Was ist wichtig? Was ist nur ein bisschen wichtig? Und was ist eigentlich schnurzpiepegal?« Den Terminplaner bekommen wir Erwachsenen nur schwer aus dem Kopf. Ein Problem, das Kinder nicht kennen.

Einmal beobachte ich in einem Spielcafé eine Frau, die nahe daran ist auszurasten. Der Lärmpegel in dem Café ist immens, und man muss ganz schön aufpassen, dass die Kleinen nicht hinter den Tresen rennen oder vom Indoor-Klettergerüst fallen. Es ist heiß und voll, und manchmal verliert man das Kind aus den Augen. Dann kommt noch die Angst dazu.

Ihr Sohn, etwa vier Jahre alt, will sich nicht anziehen. Sie will nach Hause gehen, er aber nicht. Es hat schon eine Verlängerung gegeben, auch der zweiten hat sie zähneknirschend zugestimmt.

Aber jetzt will sie einfach los. Die Frau wirft alle guten Vorsätze über Bord: Trotz gaffenden Publikums zerrt sie ihren Kleinen vom Boden hoch, zischt Gift und Galle zwischen den Lippen hervor und schleift ihn, der inzwischen angefangen hat zu heulen, hinaus. Ein bühnenreifer Abgang. Die Eltern neben uns gucken leicht indigniert hinter der Frau her. Auch ich gucke. Und dann wende ich mich den Sitznachbarn zu und sage: »Jetzt tut doch nicht so. Das kennen wir schließlich alle!«

Das Leben mit einem Kind gleicht einem mafiösen System von Erpressungen und Bestechungen. Man braucht viel Phantasie, rund um die Uhr. »Wenn du jetzt mitkommst, gibt es nachher ein Eis«, sage ich zum Beispiel, obwohl ich gar keine Lust habe, schon wieder was Süßes zu kaufen. Und irgendwie ist es ja auch ziemlich respektlos, das Kind mit so billigen Ködern zu überlisten. Aber manchmal geht es einfach nicht anders. Besser, als das Kind anzuschreien oder es am Arm gewaltsam hinter sich herzuschleifen. Kommt aber manchmal vor.

Im Grunde wollen wir alle liebevoll mit unseren Kindern umgehen. Wir wollen sie nicht anschreien und schon gar nicht schlagen. Wir wollen auch als Elternpaar nicht *vor* ihnen streiten, weil wir wissen: Das Kind denkt gewiss, es sei schuld daran, dass Mama und Papa jetzt böse aufeinander sind. Und das ist das Letzte, was wir modernen Eltern beabsichtigen. Stattdessen wollen wir uns lieber in sie hineinversetzen und immerzu signalisieren: »Ich bin da. Du kannst dich auf meine Zuwendung verlassen.« Doch zu all dem braucht es Geduld und Nerven. Und die sind oft schnell erschöpft. Zum Beispiel wenn der Kleine um halb sechs Uhr in der Frühe wach wird und eine Stunde lang brüllt, ohne ersichtlichen Grund. Natürlich würde ich gegenüber meinen Kindern gern immer perfekt reagieren. Und nicht nach Tagesform. Aber das ist unmöglich! Schon als Single besaß ich leider keine magischen Fähigkeiten: Auch da gab es gute und miese

Tage, nur durfte man dann auch mal übellaunig im Bett liegen bleiben und sich einen Tag lang von der Außenwelt zurückziehen. Oder bei der Arbeit eben mal etwas weniger reden. Damals war das alles o. k.

Als Eltern darf man sich nicht mehr gehenlassen, das ist die schmerzliche Gewissheit. Auch mit nur fünf Stunden Schlaf muss man unwillige Kinder morgens zum Frühstück bewegen, sich Diskussionen mit Geschrei aussetzen, weil sie lieber zu Fuß zur Kita wollen als mit dem Fahrrad (zu spät dran ist man eh schon), und nebenbei noch den Boden aufwischen, auf dem die Kleinen das Wasser aus dem Waschbecken ausgeleert haben, weil sie Putzmänner spielen wollten. Mein Vater, ein großer Humanist, reagierte mal völlig entsetzt, als ich sagte: »Kinder zerren so an den Nerven, dass es mich nicht wundert, wenn manche Menschen einfach austicken und sie an die Wand klatschen.« Er hätte mich daraufhin fast enterbt.

Ein Plädoyer für Homer Simpson

In einer Umfrage der Kinderrechtsorganisation Children's Society unter britischen Eltern meinten 55 Prozent der zweitausend Befragten, der Profifußballer David Beckham sei ein gutes bis sehr gutes Vorbild für ihre Kinder. Auf dem letzten Platz landete Homer Simpson, der chaotische Familienvater aus der TV-Serie *Die Simpsons*. Das finde ich erschütternd. Klar, Homer würgt seinen Sohn Bart regelmäßig, wenn er wütend auf ihn ist, er ist ein zügelloser, verfressener Typ. Aber er meint es immer gut. Und er handelt durch und durch menschlich. Er denkt sich etwas bei den Dingen, die er tut, auch wenn sie totaler Mist sind, und er liebt seine Familie heiß und innig. Er ist zwar arbeitsscheu und will meist fernsehen oder in die Kneipe, aber er ist mit der Familie um die ganze Welt gefahren. Er arbeitet im Atomkraftwerk und nicht bei seiner geliebten Bowlingbahn, weil er das Geld für die Familie braucht. Die Simpsons machen viel gefährlichen Quatsch, aber sie halten zusammen. Sie denken sich Sachen aus, und es ist nie langweilig bei ihnen. Vor allem aber lässt sich Homer gehen. Oft. Viel zu oft, würden die 55 Prozent der Befragten sagen. Aber seien wir doch mal ehrlich: Welches Kind will allen Ernstes einen tätowierten Modegeck zum Vater haben, der die meiste Zeit in irgendwelchen Fußballstadien der Welt weilt, also vermutlich nie zu Hause ist? Und der, wenn er mal frei hat, seine drei Kleinen in irgendwelchen Abenteuerparks in schnellen Autos herumfährt, nicht ohne vorher den obligatorischen Tross an Pressefotografen bestellt zu haben? Eine perfekte Fassade. Sind wir Eltern in unserem tiefsten Innern nicht alle ein bisschen wie Homer Simpson, meinen aber unsere menschliche, verzweifelte, hilflose Seite vor unseren Kindern nicht ausleben zu dürfen?

Vielleicht müssen Eltern, um nicht an sich selbst zu verzweifeln und deshalb ständig schlecht gelaunt zu sein, das Menschliche zum Programm machen. Sich zwar Mühe geben, aber auch mal den Mut haben, Mist zu bauen. So viel wird man schon nicht verkehrt machen, und manchmal sind die Kinder ja auch beeindruckt, wenn Eltern Schwäche zeigen. So wie eine Bekannte, ebenfalls Mutter und angehende Grundschullehrerin, die ich aufgrund ihrer pädagogischen Fähigkeiten immer sehr verehrt habe. Als auf dem Spielplatz mal ein Streit zwischen ihrer Tochter und Leo entbrannt war, der sich mit noch so vielen schlauen Argumenten nicht schlichten ließ, meinte sie schließlich: »Ja, dann müsst ihr euch jetzt halt prügeln.« So what!

Die Sexualverschwörung *Thomas*

Seit über Sex geredet wird, gibt es diesen alten Vorwurf: Männer lassen sich zu wenig Zeit. Man findet ihn zum Beispiel in einer berühmten Studie der Sexualpsychologen William Masters und Virginia Johnson, die 1966 als Buch unter dem Titel *Die sexuelle Reaktion* erschien und jahrelang viel gelesen wurde. Die beiden Forscher ließen verschiedene Paare miteinander schlafen und beobachteten sie dabei – Schwule, Lesben, Heteros, Langzeitpaare, frisch Verliebte und Leute, die sich gar nicht kannten. Am schlechtesten kamen immer die Hetero-Männer weg. Sie gingen nicht genügend auf die Frau ein und schafften es nicht, langsam ein Erregungsniveau aufzubauen und zu halten, hieß es. Masters und Johnson sind die Götter der Sexualpsychologie, nicht irgendwer. Sie haben zwar vor allem in den Siebzigern veröffentlicht, aber genau diese Thesen werden immer wieder zitiert, zuletzt in dem populärwissenschaftlichen Sex-Kompendium »Bonk«, einem New-York-Times-Bestseller in den USA, der 2009 auf Deutsch erschien. Es dürfte sich also (auch wenn die moderne Sexualforschung längst weiter ist) bei allen herumgesprochen haben: Männer lassen sich zu wenig Zeit beim Sex.

Da platzt mir der Kragen, und ich will jetzt endlich mal sagen: Es reicht! Wenn ich mich auf Zeitlassen, Streicheln und Ähnliches verlege, höre ich irgendwann frühzeitig ein sanftes Schnarchen von meiner Frau. Ihre Fähigkeiten, auf mich einzugehen und »das Erregungsniveau zu halten«, sind nach der Geburt gegen null gesunken und ersetzt worden durch andere Fähigkeiten, etwa die, jederzeit und überall in Sekundenschnelle einzupennen. Von einem biologistischen Standpunkt aus scheint das nur folgerichtig: Spaß am Sex ist nicht mehr nötig, die Kinder sind ja da.

Wie weltfremd ist die Sexual-Offenbarungsliteratur eigentlich? Wenn wir nicht fix zur Sache kommen beim Sex, passiert gar nichts mehr. Einer schläft ein oder ist desinteressiert. An mir liegt es meistens nicht. Herzlich willkommen in dem Abziehbild einer Paarbeziehung: Er will immer, sie nie. So kenne ich das Leben eigentlich nicht. Kinder fördern die ärgerlichen allgemeinen Standards, sie machen dich zum ganz durchschnittlichen Otto Normalbürger, zum Joe Sixpack der Erotik. Und nicht nur meine Süße ist praktisch immer müde und kaputt, sondern alle Freunde in ähnlicher Lage, die ich dazu ausfrage, berichten mir wie ein Mann dasselbe: Es wird härter. Oder, passender ausgedrückt, schlaffer. Viel schlaffer.

Natürlich ist es andererseits auch lustig, wie abgeklärt und beiläufig man mit dem Sexus umgeht, hat man erst einmal die Feuertaufe des mehrfachen Kinderkriegens hinter sich. Ich beobachte auch das bei allen, die in ähnlicher Lage stecken. Ein Freund, den ich zum Kaffeetrinken besuche, fordert irgendwann nebenher von seiner Frau: »Heute ist wieder der Tag des Fleisches, meine Liebe!« Sie sagt erst mal »Nö«, dann »mal sehen«. Open End, es muss noch nachverhandelt werden.

Gespräche wie »Was machen wir denn heute Abend, ein Video ausleihen oder vielleicht ficken oder so?« sind auch mir nicht fremd. Man fühlt sich nicht einmal seltsam dabei. So ist das eben: Die Sache wird schnell erledigt. Man würde sich ja auch dumm vorkommen, wenn man es gar nicht mehr tut, das wäre ein wenig zu herb für das Selbstbild. Hat man's dann hinter sich, heißt es, schnell einschlafen. Denn um sieben wachen die Kinder auf, an blöden Tagen um sechs, und denen ist herzlich egal, ob Mama und Papa ein erfülltes Sexualleben haben.

Dein Pornostar aus dem All

In der Mitte der Schwangerschaft gibt es so eine Phase, in der viele Frauen verstärkt Sex möchten. Das kommt angeblich wegen der höheren Durchblutung in der ganzen Körperregion, die auch für Lust zuständig sei. Wow! Da kann man sich noch mal freuen, sollte das auch genießen. Denn danach ist erst einmal Sense mit dem schönen Leben. Nach der Geburt wird's sofort paradox: Deine Frau bekommt zwecks Hormon- und Milchbildung riesige, pralle und sehr feste Pornostar-Brüste. Nachteil: Die sind nicht für dich!

Der Sex wird zum Problem Nummer eins in der Beziehung mit kleinen Kindern. Selbst der Satz über die Pornostar-Brüste stimmt eigentlich nicht ganz. Wenn der »Milcheinschuss«, tolles Wort, bei der Frau einsetzt, werden die Brüste ballonartig und bekommen innen Knubbel. Das ist nicht geil. Sondern es löst Angst aus. Allerdings hat man sich schon als werdender Vater an die neue urbiologische Bedrohung gewöhnt und eine eiskalte Scheingelassenheit entwickelt, die vor dem Schlimmsten schützt.

Den Körper meiner Süßen fand ich bisher immer schön und aufregend. Nun plötzlich spricht sie über sich selbst mit leicht irritierenden neuen Attributen wie »Wirtstier«. So schleicht es sich ein, all dies beängstigend Körperliche, um das Selbstbild und die Beziehung zu stören. Meine Frau hat einmal Brustentzündung und sitzt oben ohne, mit kühlenden Kohlblättern belegt, in der Küche. Was sie dabei selbst empfindet, an Körperbereichen, die sonst gern als »erogen« bezeichnet werden, hat sicherlich mit Sex überhaupt nichts zu tun. Und mir vergeht auch langsam die Lust.

Einmal, als ich mit ihr im Bett liege, denke ich spontan an das Videospiel *Star Craft*, in dem ich immer eine Alien-Rasse spiele, die aus seltsam mutierter Biomasse besteht. Wild gewordener Urschleim eben! Man sagt ja manchmal, dass das Kreatürliche tiefe

Ängste auslöse. Ausgerechnet, wenn du in das neue, würdevolle Leben als Vater hinüberschreiten sollst, drängen sich solche Horrorvisionen auf.

Sie sind allerdings in letzter Zeit beharrlich vorbereitet worden. Beim Geburtsvorbereitungskurs etwa. Eigentlich eine zu Unrecht viel verlachte Veranstaltung. Aber: Die Gebärmutter, das hat die nette Hebamme Magdalena uns dort erzählt, vergrößere sich auf das Zwanzig- bis Dreißigfache, und damit ist nur das Gewicht der Wand gemeint, also glatte Muskulatur. Kein Bodybuilder kommt je in die Nähe solcher Werte, zu solchem Muskelwachstum ist der Mann einfach nicht in der Lage. Ich möchte auch wirklich nicht, dass irgendwas bei mir um das Zwanzigfache wächst (nein, hier passen jetzt auch keine blöden Witzchen).

Hinterher wurde uns ein gestrickter Uterus gezeigt, aus rosa Häkelwolle – das sollte irgendwas demonstrieren. Was, weiß ich natürlich nicht mehr. Aber die Schnüre, die Kammern und Öffnungen, die haben sich mir eingeprägt. Durch den Kontrast mit der niedlichen Wolle wird es besonders beängstigend: wie ein japanisches Comicmonster mit großen Kulleraugen. Oder Chucky, die Mörderpuppe, aus diesem Trash-Horrorfilm von 1988. In einer guten Paarbeziehung hat das eigentlich nichts zu suchen.

Ein paar Monate nach der Geburt legt sich das alles und darf mit anderen verdrängten Dingen im Dunkel des Unbewussten verschwinden. Dachte ich. Und dann bleiben die Restprobleme. Ich zum Beispiel liebe meine Frau und finde sie richtig heiß. Toll, was? Damit müsste ich ja ein Spitzenpartner sein, wie ihn all die Frauenmagazine beschwören. Das scheint aber nicht recht gefragt. Früher bin ich manchmal morgens als Erster aufgewacht und habe meine Süße lange angesehen. Nach der ersten Geburt haben sich ein paar Dinge verändert. Geweckt werden wir seit vier Jahren von Kindergeheul, die ersten Minuten des Tages sind ein Ausflug in die Welt von Dungeons & Dragons. Und meine Frau schläft oft nur noch dick bekleidet, weil sie vor Übermüdung friert. Ich finde mich damit ab, was soll ich auch machen? Manchmal denke ich, das alles ist Teil einer gigantischen Sexualverschwörung.

Scharfe Pullis in die Altkleidersammlung

Denn ich bin nicht einmal sicher, ob Schwangersein und Kinderkriegen wirklich so den Körper der Frau verändert. Also, natürlich verändert es, aber kann dieser Umstand denn wirklich für alles verantwortlich gemacht werden? Kürzlich hat die Universität von Kentucky eine Studie mit Frauen vor und nach der Geburt gemacht und hinterher verkündet: Es gibt keine Hängebrüste durch Stillen. Das sei ein Mythos, ein altes Märchen, es lasse sich durch das Forschungsergebnis nicht untermauern. Die Studie hatte 93 Mütter untersucht, von denen fast alle stillten. Die Hälfte klagte über Veränderungen der Form der Brüste, meistens hatte das aber eher mit Übergewicht, Rauchen oder dem Alter zu tun. Finanziert wurde die Untersuchung von einem Verband der Schönheitschirurgen – also genau von den Leuten, in deren Interesse es eigentlich gelegen hätte, das Gegenteil zu behaupten.

Es könnte durchaus sein, dass alles gar nicht so dramatisch ist, was den Körper betrifft. Aber in die Köpfe der Frauen hat sich womöglich die Vorstellung gefressen, dass ihre Brüste jetzt schlaff werden und nicht mehr so sind wie früher. Selbst die Frauen, die nicht selbst auf diese Idee gekommen wären, haben es einfach zu oft gehört. Ich denke mir das so: Frauen wollen nur Sex, wenn sie sich begehrenswert fühlen, und denken, ihr Körper sei für ihre Möglichkeiten top in Form. Nach der Geburt fühlen sie sich in dieser Hinsicht auf dem Tiefpunkt, ganz gleich, was objektiv der Fall ist. Dabei sieht meine Frau hervorragend aus. Sie will das nur nicht mehr glauben.

Einen tollen hautengen lila Pullover, den ich ihr einmal mitbrachte, hat sie doch tatsächlich, kaum dass sie Mutter war, beiläufig weiterverschenkt. Ich habe davon nichts erfahren. Als ich eines Tages fragte: »Wo ist eigentlich der tolle, enge, körperbetonte Pulli, der dir so phantastisch steht und den ich mal von diesem Szene-Klamottenladen mitgebracht hatte?«, blickte sie mich nur total erstaunt an und meinte, das »olle Ding« sei doch eingelaufen und befinde sich längst im Besitz ihrer Freundin Hanna, die ja auch schlanker sei als sie. So, so. Ich schwöre, dass Hanna quasi denselben Körperbau hat, so dass ihr der Pulli auch bestens passen dürfte. Großartig schlanker aber ist sie nicht. »Wie, der hat dir gefallen?«, säuselt meine Frau noch. »Ich hatte den längst vergessen. War doch nur ein Pullover.« Genau, war nur ein Pullover, der richtig gut aussah, aber das ist ja heute egal. Wir sind Eltern geworden und können nun in Sack und Asche gehen.

Aufreißer am Ende ihrer Weisheit

Mein Freund Stefan, den ich seit fünfzehn Jahren als Frauenheld kenne und der seit einem Jahr Vater ist, weint sich bei mir über das Thema aus. Wir sitzen mit Bierflaschen in der Hand auf einer Wiese und haben uns lange nicht unterhalten. Als ich das Thema mit dem, na ja, etwas matten Sexleben aufbringe, springt er sofort darauf an. Es sei, presst er mühsam beherrscht hervor, »schon ein echtes Problem. Eigentlich zum Kotzen.« So habe er sich das nicht vorgestellt, und er habe keine Ahnung, was er tun solle. Für ihn ist das alte Spiel aus Erobern (männliche Rolle) und Erobertwerden (hingebungsvolle Frau) besonders wichtig, man muss ihn einen Traditionalisten der Erotik nennen. Ich habe mal erlebt, wie er auf einer Party eine wirklich phantastisch aussehende Frau abwies, weil sie es war, die ihn abschleppen wollte. Das war aber auch der einzige mir bekannte Fall, in dem er sich eine solche Gelegenheit entgehen ließ.

Stefan berichtet nun traurig: Seine Freundin sei abends lau wie ein Waschlappen, sie fühle sich durch das Leben mit Kind völlig ausgelaugt und habe generell nicht mehr so viel Interesse an Action im Bett. »Steck ihn halt noch rein«, habe sie neulich zu ihm gesagt, weil sie müde war, aber irgendwie auch wollte, dass er noch Sex bekommt. »Geschlechtsverkehr aus Mitleid – so tief wollten wir doch nie sinken.«

Wenn ich mal mit meiner Frau ausgehe, ins Kino meist, weil das mit wenig Aufwand verbunden ist, haben wir durchaus hübsche Abende. Man schaut also einen Film, das ist aber schon gefährlich, weil es da dunkel ist und die ewige Müdigkeit leichtes Spiel hat.

Danach wäre noch ein Drink schön. Ich bilde mir ein, das könnte anregend wirken, ist ja klar, in welcher Hinsicht. Aber mir sitzt auch schon wieder die Furcht im Nacken, dass sie gleich schlappmacht. Also schnell nach Hause, raus mit dem Babysitter, und dann stehen wir in der Tür zwischen Bad und Bett. »Komm doch noch schnell mit«, sagt meine Frau mit bestem »Schlafzimmerblick«, wie man das früher nannte. Ich muss an französische Erotikfilme denken, toll ist das, ihre Augenlider hängen tief. In wenigen Sekunden könnten sie zufallen. Wir legen uns hin. Meine Frau streichelt mich, fährt mir durchs Haar, und schon wird die Hand langsamer, wie in dem Film *Terminator* ganz am Ende, wenn die Metallgelenke nicht mehr so richtig wollen und der Cyborg abstirbt, und zack, dann schläft sie. Das alles passiert innerhalb von dreißig Sekunden. Ich stehe auf, trinke eine Flasche Bier und spiele ein Computerspiel. Nachts wache ich im Sessel auf, bin mitten in der Action eingeschlafen, auf dem Bildschirm küssen sich gerade Commander Shepard und seine Kollegin Ashley aus *Mass Effect* heftig. Ich geh rüber zu meiner Frau, aus dem Bett ragen nur ein paar Füße heraus, und ich höre ein gedämpftes Schnarchen.

Die Eltern-Paranoia *Julia*

Ich stehe mit meiner Freundin Alina auf dem Spielplatz. Leo fängt an, Alinas Tochter wild auf einem abstrusen Spielgerät herumzuschaukeln. Die verzieht bereits ängstlich das Gesicht, doch bevor sie sich selbst verteidigen kann, mischt sich ihre Mutter schon ein: »Eh, ihr zwei! Ein bisschen weniger doll, o.k.?« Dann dreht sie sich wieder zu mir und brummelt: »Na, da habe ich wahrscheinlich mal wieder zu voreilig eingegriffen.«

Eigentlich sind wir da grundsätzlich einer Meinung: Kinder müssen auch mal was allein geregelt kriegen. Aber das scheitert meist an den übereifrigen Eltern. Wir heben schon mahnend den Zeigefinger, bevor überhaupt *irgend*was passiert.

Nichts treibt Eltern derzeit mehr um als der Diskurs um die richtige Kindererziehung. Die Ratgeberbücher boomen, und wenn man da mal reinschaut, dann heißt es ziemlich eindeutig: Wir Eltern sind komplette Versager. Um endlich zu verstehen, was unser Neugeborenes dauernd von uns will, müssen wir »Babysignale« deuten lernen. Und wenn die Kleinen größer sind, dürfen wir keinesfalls einen auf partnerschaftlich machen. Denn was dabei herauskomme, sehe man ja an unserer gewaltbereiten, schwachmatischen, komasaufenden Jugend. Alles Tyrannen. Und schon sind wir Eltern schuld an einem gesamtgesellschaftlichen Problem, das der Nation gern in TV-Formaten wie *Die Super-Nanny*, *Eltern auf Probe* oder *Die strengsten Eltern der Welt* unter die Nase gerieben wird. Tragische Fälle wie der vom pensionierten Münchener Schulrektor, der von zwei jungen Männern in der

U-Bahn brutal angegriffen wird, weil er sie auf das Rauchverbot hinweist, sind da ein gefundenes Fressen. Da die beiden auch noch Migrationshintergrund haben, kann man sogar gleich noch die Schublade »missglückte Integration« aufziehen. Die uns zum Schutz Befohlenen wissen einfach nicht mehr, wo der Hammer hängt. Und wir gucken ratlos zu.

Prinzip Summerhill oder Lob der Disziplin?

Ob das wirklich ein vollkommen neues Problem ist, sei mal dahingestellt. Wenn mir mein Vater von seiner Kindheit erzählt, bekomme ich vage Zweifel, ob früher wirklich alles besser war. Gangs hießen anno 1950 noch Banden, über »Halbstarke« wurden sogar Filme gedreht, und mit verklärtem Blick erinnert sich Papa daran, wie »die Frau Dr. Schmidt, du weißt doch, die die HNO-Praxis um die Ecke hat«, von der Gegenmannschaft entführt und mit Reißzwecken am Popo traktiert wurde. In einer Zeit, da die Elterngeneration vom Krieg traumatisiert war, wurden emotionale Befindlichkeiten einfach totgeschwiegen, und Gehorsam war ein klares Erziehungsprinzip. Ende der Sechziger, mein Bruder war gerade geboren, kaufte sich meine Mutter alles, was an pädagogischem Material auf dem Markt war. »Vom Prinzip Summerhill«, sagt sie rückblickend, »waren wir aber nicht so überzeugt. Wir dachten, es müsste ein gesundes Maß geben zwischen dem Erziehungsstil unserer Eltern und antiautoritär.« Und dann haben sie einfach selbst ihre Birne angestrengt und ihre eigene Linie gefunden.

Ich erinnere mich, dass es bei uns ab und an noch »Kläpse«, also leichte Schläge auf den Hintern, gegeben hat. Manchmal auch mehr. Aber gut, meine Mutter war bereits mit Ende zwanzig dreifache Mutter, mein Vater pendelte und schob häufig Nachtschichten, machte sich bald darauf selbständig. Meine Brüder gingen sich in ihren ersten Lebensjahren ernsthaft an die Gurgel, es gab Kindergärten erst ab drei Jahren, und die Eltern und Schwiegereltern standen gern mal unangemeldet in der Tür. Manchmal platzte meinen Eltern wohl einfach der Kragen. Damals hatten wir eine kleine, runde Putzfrau aus Sizilien, Frau Ada, die gerade da war, als meine Mutter uns mit dem Holzkochlöffel verdrosch. Dabei ging der Stiel entzwei, wir Kinder brachen in Siegesgeheul aus und Frau Ada, die die Szene auf ihren Besen gestützt beobachtet hatte, ihrerseits in schallendes Hohngelächter. Meiner Mutter ist das heute alles unheimlich peinlich, und niemals würde sie heute Kläpse als Erziehungsmittel ernsthaft gutheißen.

Egal, ob die Unkenrufe nach mehr Disziplin, wie sie etwa der ehemalige Rektor des Eliteinternats Salem, Bernhard Bueb, fordert, oder die Klage über schwache Eltern und tyrannische Kinder in den als Ratgeber getarnten Psychothrillern von Michael Winterhoff: All diese Bücher skizzieren die deutsche Eltern-Kind-Landschaft als Horrorszenario, und sie sind im dozierenden Ton derer geschrieben, die als Heilsbringer auftreten. Die Lektüre dieser Bücher hilft uns gewiss nicht, sicherer im Umgang mit den eigenen Kindern zu werden. Im Gegenteil. Wer in der richtigen labilen Stimmung dafür ist, den machen die Thesen solcher Hardliner-Pädagogen und Vollzeit-Psychiater nur noch verrückter. Und sie sind Wasser auf die Mühlen einer ratlosen Öffentlichkeit, die mit den ganzen offenbar verhaltensgestörten Kindern und Jugendlichen unter uns schon lange nicht mehr klarkommt. Sind wir also auf dem Weg zurück zu einem Erziehungsregiment mit harter Hand? Fällt uns wirklich nichts Besseres ein?

Vielleicht sollte man einfach mal hingucken und versuchen zu verstehen, warum Kinder und Jugendliche das machen, was sie machen. Dass Computer und Internet für viele attraktiver sind, als auf der Straße zu spielen, ist klar. Überall klingeln bunte, mit lustigen Anhängern verzierte Handys, und iPod hörende Halbwüchsige lassen selbst beim Reden den Knopf im Ohr. Das muss man nicht gut finden, aber als gegeben hinnehmen und lernen damit umzugehen. Vergleichbare Diskussionen hatten wir in den Achtzigern – vielleicht in etwas milderer Form – schon mit Fernsehen und Walkman.

Manchmal erstaunt mich, wie meine eigenen Eltern heute in den allgemeinen Jammerzirkus mit einstimmen. Mir scheint, bei uns damals waren sie offener. Mein Vater war ein Befürworter von Sandalenfilmen und Comics, meine Mutter trieb uns durch den Garten und las abends *Die Wurzelkinder* vor. Das ergibt, finde ich, eine ganz schöne Bandbreite von Erfahrungen. Als in der Pubertät unser Freundeskreis plötzlich unüberschaubar wurde und wir uns zum Ziel gesetzt hatten, am Wochenende sämtliche neuen Discos im Umland auszuprobieren, frischten unsere Eltern mithilfe verdeckter Informanten (also anderer Eltern) ihren Informationsstand auf oder richteten zum gleichen Zwecke gleich selbst einen großzügigen Fahrservice ein. Noch heute sehe ich meinen verschlafenen und verfrorenen Papa hinter der beschlagenen Autoscheibe sitzen, als er uns um Punkt 1 Uhr morgens aus der Dorfdisco abholt. Den achtzehnten Geburtstag meines Bruders verbrachten meine Eltern bangend hinter verschlossenen Türen im Wohnzimmer, der Rest des Hauses war zur Party freigegeben. Ein von Freunden geliehener Computer wurde probeweise zu Hause aufgestellt, und als meine Mutter ihn nach vier Wochen stillschweigend wieder zurückbrachte, gab es hinterher natürlich harte Diskussionen. Und als mein großer Bruder eines Abends erklärte, er sei übrigens schwul, brach für meine Eltern eine Welt zusammen. Nur mühsam haben sie sich von dem Schock erholt. Aber sie lasen brav die Bücher, die ihnen mein Bruder zur Lektüre empfahl, *Das ganz normale Chaos der Liebe* von Beck und Beck-Gernsheim zum Beispiel oder Badinters *Ich bin Du*, allerdings nur so weit, wie es für ihr eigenes Lebens- und Rollenmodell verträglich war. Das muss man akzeptieren. Wo ist dieser Mut zur Auseinandersetzung geblieben?

Bist du schon Elite oder spielst du noch?

In diesem Zusammenhang fällt oft das schöne Wort »Frühförderung«. Nichts ist dagegen einzuwenden, dass wir unsere Kinder gezielt fördern, allerdings scheinen da manche Eltern momentan auch etwas über die Stränge zu schlagen. Viele von ihnen blättern eine Menge Geld dafür hin, dass ihre Sprösslinge in Eliteschmieden kommen. Sie denken offenbar in den Kategorien ihrer erwachsenen Arbeitswelt: Schließlich will man im internationalen Vergleich nicht schlechter dastehen. Und in unsicheren Zeiten möchte man dem Kind möglichst früh möglichst viel bieten, das ihm in Zukunft nützlich sein kann. »Die Familie ist nicht länger eine Gegenwelt gegen das Rationalitätsprinzip des Wirtschaftslebens, vielmehr ist sie zu einem Vorbereitungsmodell avanciert«, schreibt Tilman Allert, Soziologe an der Uni Frankfurt, in einem Beitrag für die *FAZ*. Das klingt schrecklich effektiv. Wie in Michael Endes Buch *Momo*, wo die Kinder in den von den grauen Männern organisierten Tagesstätten Spiele spielen müssen, die zum Beispiel »Lochkarte« heißen, lange Zeit das prägende Symbol der bürokratischen Datenspeicherung. »Wir dürfen unsere Zeit nicht mehr nutzlos vertun«, sagen sie, bevor eine unsichtbare Magnetkraft sie gewaltsam von den Straßen wegholt.

Da ist es nur ein scheinbar gegenläufiger Trend, wenn Printmedien von *Zeit* bis *Spiegel* titeln: »Macht die Kinder nicht verrückt« und »Die große Sorge um die Kleinen – für mehr Gelassenheit in der Erziehung«. Denn in ihrem Wahn, den Kindern die beste Förderung angedeihen zu lassen, kutschieren verunsicherte Eltern ihre Kleinen von Termin zu Termin, anstatt sie einfach nur spielen zu lassen. Schon spricht man von der »Generation Rücksitz«, wohl das deutsche Pendant zur »Soccer Mum«.

Auch mein Mann und ich werden von der allgemeinen Erregung angesteckt, die bis in die Garderobe der Kita vorgedrungen ist (»Los, los, anziehen, Emilia, wir müssen noch zum Sport!«), und versuchen einen der begehrten Plätze im Kurs für musikalische Früherziehung zu ergattern. Da ist Leo gerade mal fünfzehn Monate alt. Musik finden wir beide gut, mein Mann und ich. Kaum haben wir die Zusage für eine kostenlose Probestunde in der Tasche, da rudere ich zurück und blase das Ganze ab. Ich frage mich allen Ernstes, ob ich vollkommen wahnsinnig geworden bin. Leo geht von 9 bis 15 Uhr in die Kita, da wird gespielt, gebastelt, gesungen und herumgerannt. Glaube ich wirklich, dass er am Nachmittag *noch* eine organisierte Gruppe braucht? Außerdem machen wir zu Hause unsere eigene Musik. Da ist das Klavier, die Gitarre und das Mischpult, das Leo wegen seiner Knöpfe und Regler so liebt.

Wir entwickeln unser persönliches Spezialprogramm für die Nachmittage nach der Kita, und das heißt »Nach-Hause-Gehen«. Also wahlweise ein Bummel durchs Viertel, gucken, wie die S-Bahn unter der Brücke durchfährt, ein Treffen mit anderen Kindern auf dem Hof, ein Besuch bei Leos Onkel um die Ecke, ein Eis essen. Oder einfach: Nichtstun zu Hause. Auf der Wohnzimmercouch sitzen und mal sehen, was passiert. Und wenn man genau hinguckt und hinhört, dann merkt man schon ganz gut, ob das das Richtige fürs Kind ist. Manches, was wir noch nicht mal wagen würden, einen »Programmpunkt« zu nennen, ist schon zu viel. Und eine Menge »Lernstoff« kriegen Kinder ohnehin auch im Alltag hervorragend mit.

Wo sind all die Kinder hin ...

Viele behaupten außerdem, die Kleinen hätten heute weniger Bewegungsfreiheit als noch vor, sagen wir, zwanzig Jahren. Offenbar haben einige Eltern eine panische Angst davor, dass dem Kind etwas passiert, und lassen es nicht mehr allein hinaus. Das ist auch nicht verwunderlich, wenn in den Medien tagtäglich von Kinderschändern und Horrormüttern die Rede ist, die ihre Babys zu Tode schütteln, verhungern lassen, zerhacken und sorgfältig in Blumentöpfen oder Kühltruhen verstauen. Dabei ist erwiesen, dass die Kriminalitätsrate nicht zugenommen hat. Die mediale Zurschaustellung solch trauriger Fälle schon. Im Jahr 2006 wurden rund zweihundert Kinder Opfer von Tötungsdelikten. Eine deprimierende, furchtbare Zahl. Aber zum Vergleich: 1950 waren es noch dreihundert, um 1850 vermutlich mehrere Tausend.

Dennoch schärft uns die Schwiegermutter bei einem Besuch ein, den Spielplatz in ihrem Viertel zu meiden, da dort immer »die Drogis« herumsitzen würden. Dazu eine vielsagende Geste: die Spritze in der Armbeuge. Als wir trotz ihrer Warnung dort aufkreuzen, spielt ein Vater friedlich mit seinem Sohn am Klettergerüst. Der Platz ist sauber und aufgeräumt, liegt mitten im Wohngebiet und ist von allen Seiten her einsehbar.

Der Waldspielplatz, auf dem ich als Kind gespielt habe, ist inzwischen tatsächlich völlig verwaist und zugewuchert. Dort sitzen zwar auch keine Fixer, aber offensichtlich tummelt sich der Nachwuchs heute woanders. Dabei war das einmal der zentrale Treffpunkt im Viertel! Sonntags gingen sogar die Väter mit, zum gemeinschaftlichen Kicken. Unsere Eltern hatten 1980 noch keine Handys, mit denen sie uns Kindern nachspionieren konnten; dafür gab es klare Verabredungen. Von 15 Uhr bis zum Abendbrot war Freizeit, dann ging's nach Hause. Meine Mutter sagt heute:

»Wir haben uns da überhaupt keine Gedanken gemacht, das war vollkommen normal.«

Wenn man Medienberichten Glauben schenken kann, hat sich der Spielradius der Kinder heute dramatisch verkleinert. Ich erinnere mich, dass Kindheit für mich bedeutete: viel allein machen zu dürfen. Sich selbst zu verabreden, allein zu Freunden zu gehen und allein nach Hause zu kommen. An warmen Sommerabenden fuhren wir mit unseren Fahrrädern (ohne Helm!) den Gehsteig auf und ab. Am Trafokasten an der Ecke wurde getankt und verhandelt, wer das coolste Bike hatte. In Badeklamotten rannten wir »Attacke!«-schreiend durch die Kleingärten in der Nachbarschaft und setzten Tannenzapfen als Boote in das kleine Rinnsal hinter unserem Haus. »Willkommen in Bullerbü!«, möchte man da fast sagen, so romantisch klingt das für uns Stadtneurotiker heute.

Inzwischen kommen immer mehr Kinder nicht mehr mit dem Fahrrad zurecht, heißt es in Studien der Unfallforschung der Versicherer (UDV). Fahrradfahren scheint in vielen Familien nicht mehr selbstverständlich zu sein. Übervorsichtige Eltern befördern ihre Kinder lieber im Auto, statt gemeinsam mit ihnen Rad zu fahren.

»Man kann gut mit der eigenen Angst umgehen lernen«, empfiehlt die Professorin für Erziehungswissenschaften, Sigrid Tschöpe-Scheffler, den Eltern von heute. »Stellen Sie sich zu Ihrem Kind ans Klettergerüst, machen Sie die Augen zu und zählen bis zehn.« Solche Ratschläge zeigen, wie tief wir offenbar schon gesunken sind.

Bitte nehmen Sie Ihr Kind an die Leine!

Auf Spielplätzen, dem neuen Überwachungsstaat für Stadtkinder, hat man den Eindruck, die Großen kreisen um ihre Kleinen wie die Geier ums Aas. Ein Grund, warum ich diese Orte eigentlich hasse. Dort herrscht ein enormer moralischer Druck, da Mutter oder Vater glauben, überall den Schlichter und Moralapostel spielen zu müssen. Sogleich wird eingegriffen, wenn ein Kind zu fremdem Spielzeug greift oder jemanden ungerecht behandelt. Hält man sich bei diesen Lappalien zurück und lässt den Dingen ihren Lauf, gilt man schnell als asozial und erntet missbilligende Blicke. (Niemand sagt, dass Eltern nicht eingreifen sollen, wenn etwa Größere die Kleinen schikanieren oder geprügelt wird. Aber da bekommen viele Erziehungsberechtigte dann paradoxerweise die Klappe nicht mehr auf.)

Einen ähnlich ausgeprägten Brutpflegetrieb gibt es morgens in der Kita: Eltern, die jedes Mal besorgt hinter der Tür lauschen, ob ihr Kind vielleicht weint, wenn sie gehen. Und das, obwohl die Erzieherin versichert, dass immer alles gut ist, sobald die Eltern nur mal weg sind! Einfühlungsvermögen und Mitleid sind großartige Kompetenzen. Übertriebene Ängste und falsche Verständnistuerei gehen mir dagegen gehörig auf die Nerven.

Einmal kommt ein Freund mit Tochter Anna vorbei. Er möchte nur kurz etwas abgeben. Es ist spät, ich will gerade Quinn zu Bett bringen. Der Freund will auch gleich weiter, Anna aber nicht. Sie läuft geradewegs in unser Wohnzimmer und beginnt munter mit den Legos zu spielen. Ihr Vater ruft sie in den Hausflur zurück. Leo und ich stehen im zugigen Türrahmen und warten, aber leider greift Annas Vater nicht durch. Die Kleine ruft immerzu »Nein!« und trampelt mit den Füßen. Sie will noch bleiben und spielen. Da hier offenbar nichts passiert, nehme ich die Sache in die Hand und sage zu Leo: »Los, winken!« Und wir winken demonstrativ. »Tschüs, Anna«, säusele ich mit einem strahlenden Zahnpastalächeln. Als die Kleine nicht reagiert, winken wir beide automatisch heftiger. Irgendwann fällt uns fast der Arm ab, doch wir lächeln und winken immer noch. »So, meine Liebe«, sage ich, »jetzt musst du aber ganz schnell nach Hause gehen, sonst schlafen uns die Arme ein, und wir können nicht mehr winken.« Wie zwei Schießbudenfiguren aus einem Hollywoodfilm stehen wir da. Albern. Schluss jetzt. Ich greife mir den Junior, zerre ihn in unsere Wohnung und sage streng: »Dann mach ich jetzt einfach die Tür zu.« Bumm. Geschrei draußen. Vielleicht empört sich auch der Freund über den harschen Abgang, aber es musste sein. Mein Sohn macht sich Gedanken. »Ist Anna noch da?«, fragt er besorgt und zeigt auf die Tür. »Ja«, sage ich. »Aber wir machen jetzt nicht mehr auf!« – »Waru-hum?« – »WEIL ICH DAS SO WILL.«

Sonntag mit Schrecken *Julia und Thomas*

Julia Mich weckt eine kalte Nase im Gesicht. »Mama, steh doch mal auf!«, sagt ein quietschfideler Leo. Ein Blick auf den Wecker. »Wieso, um Himmels willen, stehst du an einem Sonntag um Viertel vor sechs auf?«, murmle ich. Meine Stimme bricht weg. Ich glaube, ich muss erst mal in die Küche, einen Tee machen. Aber ich komme nicht hoch. Da höre ich Schreie aus dem Nebenzimmer. Auch Quinn ist aufgewacht. Mein Mann und ich sind gestern spät zu Bett gegangen. Aber gut, es war Samstagabend! Mit Kindern darf man sich so etwas eigentlich gar nicht mehr erlauben. Einer von uns beiden zumindest sollte brav um 22 Uhr die Lichter ausmachen, um morgens halbwegs frisch und munter zu sein. Aber das würde bedeuten, abends nie mehr etwas gemeinsam zu erleben, und wenn wir nur nebeneinander vor der Glotze sitzen. Das ist irgendwie auch keine Beziehung!

Thomas Okay, ich habe einen leichten Kater. Ich bin am Vorabend wie immer vor allen anderen gegangen, aber ich war da, und spät war's doch. Meine Frau war mit – toll! Wir gehen so selten zusammen aus, also haben wir uns einen Babysitter genommen und Freunde besucht. Es gibt nur ein Problem: Wo ist der Babysitter für den Morgen danach, wenn beide kaputt sind und die Kinder so aufdrehen, wie sie es gewohnt sind? Definitiv eine Marktlücke: Babysitting für die Aufwachzeit. Man schleppt sich also in die Küche. Kippt wahllos Haferflocken in Schüsseln, heißes Wasser drauf. Bloß schnell irgendwas tun, damit dieses Protestgeschrei aus zwei Kinderkehlen aufhört. Im Fernsehen sieht man ja manchmal Leute, die vor Parlamenten oder Rathäusern demonstrieren, und es kommt doch keiner raus und spricht mit ihnen. Die könnten hier alle noch was lernen. Diesem Druck hält keiner stand. Und schon gar keiner mit Kopfschmerzen. Gibt es noch dieses Zeug, was meine Eltern immer hatten, Alka Seltzer?

Die Frau liegt noch oder wieder im Bett, wie tot. Ein hektischer Morgen: Zuerst waren die Kinder da und lagen plötzlich auf uns drauf. Dann die lautstarke Hungerdemonstration! Also abfüttern. Zwei Sunden später spüre ich selbst ein Loch im Magen. Hastig schlinge ich ein Toastbrot ohne Butter mit zwei Scheiben Käse in mich rein. Für ein richtiges Frühstück bleibt unter diesen Umständen keine Zeit. Im Wohnzimmer klopft schon wieder einer wie wild gegen das Telefonschränkchen, der andere weint, weil ihm irgendwas weggenommen wurde. Ich muss Feuerwehr spielen, Schaden begrenzen.

Julia Vor dem Wochenende haben wir immer große Angst, denn da ist die Kita geschlossen. Schlimmstenfalls tanzen uns die Kleinen von morgens um sechs bis abends um halb zehn auf der Nase herum. Und wenn es das Schicksal besonders übel mit uns meint, dann verweigert Leo auch noch seinen Mittagsschlaf. Er wird auch keine »Mittagsruhe« halten, die wir ihm seit ein paar Wochen verzweifelt nahezubringen versuchen. Das Prinzip der Mittagsruhe heißt LEISE spielen und die Erwachsenen nicht vollquatschen. Wie jeder normale Mensch brauchen wir nämlich am Wochenende auch mal ein wenig Erholung. Aber mit Kindern gilt das Prinzip 24/7: sieben Tage die Woche 24 Stunden bei Fuß stehen. Man erzähle mir also bitte nichts von anstrengenden Siebzig-Stunden-Jobs. Wenn wir das rührige Kitapersonal nicht hätten, das wenigstens einen Teil der Erziehung mitübernimmt, dann wären wir schon längst am Rande des Nervenzusammenbruchs. Ich weiß, das ist Jammern auf hohem Niveau: Unseren Müttern hat schließlich überhaupt niemand geholfen. Aber erstens hatten die einfach keine andere Wahl, und zweitens waren sie vielleicht noch leidensfähiger oder hatten keine Bedenken, Beruhigungstabletten oder Ähnliches zu schlucken.

Ein weiser Arzt, den ich mal wegen eines nervösen Lidzuckens aufsuchte, formulierte es so: »Stress, Überarbeitung. Entweder Sie arbeiten im höheren Management oder Sie haben Kinder. Was von beidem also?« Kinder sind mit einer normalen beruflichen Tätigkeit gar nicht vergleichbar. Die Arbeit möchte ich mal sehen, wo einem pausenlos das Wort abgeschnitten wird, wo Leute sich auf den Boden werfen und alles zusammenbrüllen, weil man irgendetwas getan, nicht getan oder nicht richtig getan hat. Vielleicht könnte man es sich so vorstellen: Einen Job, wo alle paar Minuten drei Telefone und ein Wecker klingeln, der Chef einem auf den Teppich pinkelt, wenn wir einen Fehler gemacht haben, und hinterher sagt: »Aufwischen!« Dazu Kollegen, die das Mobbing so weit treiben, dass sie deine Unterlagen verwüsten, wenn du einmal zur Toilette gehst.

Es ist fast immer das Gleiche: Das Wochenende naht, und wir haben noch keine Pläne. Und seltsamerweise kennt man immer so Supereltern, die einem schon am Freitagnachmittag erzählen, was sie sich mit dem Nachwuchs alles vorgenommen haben: einen Ausflug an den See, ein Grillfest, ein Kinderfrühstück. Wenn man nach dem ungeliebten Samstagseinkauf erst mal planlos zu Hause festsitzt, kommt man, so die Erfahrung, irgendwann überhaupt nicht mehr vom Sofa hoch und ist nur noch genervt. Die Kinder springen auf einem herum und schreien in immer schrilleren Tönen: »Mama, Papa, sagt doch endlich mal was!«

Der innere Kampf

Thomas Der Sonntag ist das Grab aller Ideale und aller falschen Hoffnungen, die man an sein Leben richten kann. Das denke ich schon immer. Denn der Sonntag zeigt dir alles so langweilig und so leer, wie es nun einmal ist, wenn die Fassade wegfällt, beziehungsweise, wenn sie mal kurz geschlossen hat. Wenn du ausspannen und dich erholen sollst, fällt dir doch erst richtig auf, dass du in ein Leben eingeschraubt bist, das so etwas nötig macht. Früher habe ich mich an Sonntagen in meine Single-Wohnung gesetzt, zwei dicke Bücher vor mich hingelegt, einen Kant und einen Poe, sowie einen Notenband mit Jazz, den ich in den Lesepausen spielen wollte. Dann ergriff mich die Sonntagslethargie, ich starrte diese Bücher an, ohne sie zu öffnen, trank drei selbst gemischte Manhattan-Cocktails und las abends, wenn ich das Gefühl hatte, endlich vom Sonntag befreit zu werden, noch zwei Kapitel aus einem Krimi. Immerhin! So hatte ich mit dem mörderischsten unter den Wochentagen noch irgendetwas angefangen, das besser ist als *Tatort* gaffen. Heute, mit Kindern, weiß ich wieder, warum ich Sonntage gehasst habe.

Du kannst zehn Freunde anrufen, die ebenfalls Nachwuchs haben, und sie werden alle antworten: Spielplatz. Das Standardprogramm für den Sonntag. Leider hasse ich Spielplätze. Zehn mal fünfzehn Meter, streng rechteckig, Rutsche, Schaukel, schmutziger Sand. Drum herum Mütter, die gelangweilt ihre Kippen an den morschen Holzbänken ausdrücken. Im Sand Prügeleien um das grellbunte Plastikspielzeug. An den Gerüsten stößt man sich permanent die Birne, bleibt immer in einer der zahllosen Latten hängen. Die älteren Kinder sind antiautoritär oder einfach nur lasch erzogene Rowdies, toben wie die Wahnsinnigen herum, so dass man um das Leben der Kleinen fürchten muss.

Der Spielplatz ist die Erlebniskneipe der Kinderjahre. Genauso doof, genauso überflüssig und genauso haarscharf an den wirklichen Bedürfnissen vorbei. Man sollte die revolutionäre Kraft der

Kinder anerkennen. Sie spielen doch sowieso am liebsten im Gebüsch am Rand der Spielplätze, da, wo man sie nicht haben will, weil die Straße nah ist, weil man sie nicht mehr so gut unter Kontrolle hat und weil sich außer ihnen nur Taxifahrer zum Pinkeln da herumdrücken. Dort erfinden mein Sohn und seine beiden Freunde Magnus und Lilli sich Wohnungen mit unsichtbaren Haustieren. Schön ist das, sie haben schon erkannt, dass der domestizierte Spielplatz eigentlich Mist ist. Aber trotzdem müssen wir da immer wieder hin. Vor allem an den Sonntagen.

Julia Von fünf Stunden Streit pro Woche zwischen meinem Mann und mir (inklusive anschließendem Schmollen) fallen mindestens drei aufs Wochenende. Und zwar nicht, weil wir uns an diesen Tagen besonders doof finden oder weil wir unsere Kinder hassen, sondern weil wir einfach nur schlafen wollen und nicht dürfen. Das können Freunde ohne Nachwuchs nur schwer verstehen. Hohngelächter begleitet uns, wenn wir uns kurz nach Mitternacht von einer Feier verabschieden, weil die Kleinen ja morgen wieder früh wach sind. Aber Schlafentzug macht wütend! Und irgendwo muss sich diese Wut dann entladen, unkontrolliert. Hinterher tut es uns meistens leid.

Thomas Hundertmal schon ist mir der alte Gag eingefallen: »Schatz, ich geh nur mal runter, Zigaretten holen«, sage ich dann. Dabei würde ich meine Frau nie »Schatz« nennen, und ich rauche auch nur auf Partys. Ich meine dieses Klischee von früher, dass der Mann genau diesen Satz sagt, rausgeht und nie wiederkommt. Es ist ein Scherz, klar, aber reizvoll erschien es mir immer wieder mal. Meine Frau weiß auch genau, was gemeint ist. Sie stellt sich dann wohl auch vor, wie sie einfach abhaut, in den Sonnenuntergang, in eine ungewisse, aber ruhige Zukunft.

Mein neuester Trick: Es gibt einen Supermarkt in der Nähe,

der auch sonntags ein paar Stunden geöffnet hat. Daher überlege ich mir irgendwas, das wir dringend brauchen, verkünde, dass ich mich opfern würde, es eben mal zu holen, und verschwinde schnell. Im Supermarkt fühle ich mich frei, ich falle mit Wonne auf alle Tricks des Kapitalismus herein. Die Anonymität, das Wandeln zwischen den Regalen, die seichte, dümmliche Musik, wunderbar. Ich kann zehnmal die Schleife durch die Bereiche »Backwaren«, dann links um die Ecke »Feinkost«, wieder zurück durch »Tee und Kaffee«, im Halbkreis um den Stand »Konserven Importe« und wieder zurückgehen, ohne dass es irgendjemand überhaupt bemerkt. Ich lehne mich auf den Einkaufswagen und lasse mich rollen. Danach gebe ich ganz gemächlich ein paar leere Flaschen zurück und schlafe anschließend auf einer Kiste neben dem Automaten zur Pfandrückgabe ein. Als der Marktleiter mich weckt, gibt es nicht einmal Ärger. Er hält mich einfach nur für einen seiner alkoholabhängigen Stammgäste und schickt mich höflich nach Hause.

Julia Ich gebe es zu, einen Teil des Wochenendproblems habe ich mir selbst eingebrockt. Es ist ein paar Wochen her. Tagelang schlich mein Liebster bedrückt durch die Gegend. Eines Abends sehe ich ihn in seinem Zimmer am Fenster sitzen. Der Computerbildschirm flimmert, und als ich reinkomme und frage: »Was ist denn los?«, geht die Kiste wie auf Kommando aus. »Nichts«, seufzt er. – »Langweilst du dich?« – »Hmm.« – »Dann geh doch raus, einen trinken. Freunde treffen.« Ich habe mich eh schon auf die Couch eingestellt. Die Kinder sind heute ausnahmsweise mal ohne Terror ins Bett gegangen, und ich freue mich auf mich und mein Buch. »Ach, ich habe ja keine wirklichen Freunde«, seufzt er jetzt, und nun tut er mir richtig leid. »Das stimmt nicht«, wende ich sanft ein, »du kannst Cornelius anrufen, oder Martin!« »Die sind sicher schon verabredet.« Das ist ein fadenscheiniges Argument. Er hat nur keinen Antrieb, zum Telefon zu greifen. Tatsächlich lässt sich mein Mann zur Zeit etwas hängen. Ich beschließe, ihm zu helfen.

Am nächsten Tag rufe ich selbst Cornelius an und bitte ihn, dass er und seine Kumpels meinen Süßen samstags mal wieder zum Fußball mitnehmen. Irgendwie scheinen sie ihn tatsächlich vergessen zu haben, seit er Vater ist und ein paarmal absagen musste. Irgendwann haben sie ihn dann einfach nicht mehr gefragt.

Und dann schenken sie ihm in einem Anfall von Mitleid gleich eine Dauerkarte fürs Stadion. Die Folge: Jeden Samstag ist mein Süßer weg, Bundesliga gucken, und lässt mich mit den Kindern allein. Nun kann man sich sagen, ein Spiel dauert ja bloß neunzig Minuten, das geht ja noch. Aber hinterher muss er sich das Spiel natürlich noch mal im Fernseher angucken und danach noch ausführlich mit seinen Freunden, die er ja gerade erst gesehen hat, telefonieren. Resümieren. Langsam habe ich das Gefühl, mein Liebster würde sich am liebsten ganz vorm gemeinsamen Wochenende drücken.

Thomas Endlich Abend! Wir haben den Sonntag überstanden. Aus Verzweiflung haben wir schon um fünf Uhr nachmittags einen Rotwein geöffnet. Jetzt schlafen die Kleinen. Große Müdigkeit macht sich auch bei uns breit. Dennoch möchte ich noch was machen. Vielleicht könnte man sich ja näherkommen? Oder wenigstens zusammen einen Film ansehen? Ich recherchiere doch gerade Hollywood-Schinken, in denen es um Vaterschaft geht. Aber meine Frau ist müde, sie steht seltsam schief in der Landschaft, also im Zimmer natürlich, die Augen sind zwar offen, aber darin tut sich nichts mehr. Ich will sie mit Vorwürfen aufrütteln, sage, das geht doch nicht, gerade erst die Kinder ins Bett gebracht, jetzt schon müde, was für ein Leben, wo bleibt die Beziehung!

Aber Provokation nützt auch nichts, wenn jemand wirklich am Ende ist. »Ich kann einfach nicht mehr!«, jammert sie. Und dann wird sie noch mal richtig laut. »Dann nehm ich eben Drogen, oder ich geb mir Watschn!« Beides will ich natürlich auch nicht. Besonders das mit den Watschn.

Wir legen uns also hin. Ehrlich gesagt, ich sinke auch sofort in einen totenähnlichen Schlaf. Schwerstarbeit war das alles. Morgen ist Montag, ich freue mich. Bob Geldof und die *Boomtown Rats* sind Idioten. Von wegen *I don't like Mondays*. Montage sind schön.

Der ewige Babybauch *Julia*

Da war dieser Tag, an dem ich merkte, ich muss mal was für meinen Bauch tun. Ich komme aus der Dusche und laufe direkt an den Computer. Es ist eilig, ich muss da noch eine Email verschicken, bevor ich es wieder vergesse. Zufällig gucke ich für einen Moment in den Spiegel des Wandschrankes, der sich seitlich von mir befindet. O mein Gott, stöhne ich. Da sitzt ein buckliges Männlein eingesunken vor dem aufgeklappten Laptop, die Beine übergeschlagen, die Arme wie Krähenflügel angewinkelt. Und zwischen Busen und Beinansatz stapeln sich drei bis vier Speckgürtel übereinander. Jeder für sich genommen ganz niedlich, aber alle zusammen doch ziemlich gewaltig.

Es ist ja so: Während der Schwangerschaft kann man noch so viel Sport machen – wenn das Baby draußen ist (manchmal sind es ja sogar zwei oder drei), dann häufen sich diese hartnäckigen Fettreserven am »Powerhouse«, wie die tiefe Bauchmuskulatur im Fitnesstraining nach Joseph Pilates genannt wird. Kein Wunder, denn der Bauchumfang wächst ja in der Schwangerschaft innerhalb kürzester Zeit auf gute 1,10 Meter an, und Klappmesser sollte man ab dem dritten Monat auch nicht mehr unbedingt machen. Die Fitness sinkt also rapide. Später machen einen die Kinder körperlich so fertig, dass man sich abends immer fühlt wie nach einem Halbmarathon durchs Gebirge. Leo zum Beispiel schreit mich neulich bei voller Fahrt aus dem Fahrradanhänger heraus an, ich solle »schneller machen, ganz schnell, so wie die Autos«. Ich gebe mein Bestes, lehne mich zu Showzwecken sogar wie ein Rennradler über den Lenker. Es hilft nichts. »Schneller!«, insistiert der kleine Schinder von hinten, »schneller, popeller!« Die Oberschenkelmuskulatur heult auf, die Lunge pfeift, die Kilos schmelzen. Und dennoch: den Bauch schert es nicht. Er bleibt. Irgendwann will man nicht nur endlich mal die Schwarte loswerden, sondern ist auch reif für den Orthopäden. Die Kinder werden nämlich auch nicht leichter und wollen dennoch auch mit 15 Kilo noch »ganz weit hoch« getragen werden, nicht nur »mittelhoch«.

Das alles führt zu unerquicklichen Zwischenfällen. Einmal gehe ich in eines dieser Sanitärfachgeschäfte, die immer sehr unattraktiv daherkommen, weil da völlig uncoole Sachen verkauft werden: Hornhautpflaster, Einlegesohlen, Stützstrümpfe oder Inkontinenz-Matten. Ich suche eine Haarschneideschere, mit der ich Quinns Mähne stutzen kann. Im Vergleich zu Leo, der sich erst mit etwa zwei Jahren dazu bequemte, ein paar rot-blonde Löckchen sprießen zu lassen, ist Quinn bereits mit rabenschwarzer Frisur auf die Welt gekommen. Mein Mann und ich waren völlig fassungslos. Eltern sind ja manchmal etwas begriffsstutzig und wollen lange nicht begreifen, dass da ein neues, ein anderes Kind geboren wird, und kein Klon des ersten.

»Ja, hallo, guten Tag«, ruft mir die Angestellte, eine ältere Dame im weißen Kittel, entgegen und eilt hinter dem Verkaufstresen hervor. Etwas zu überschwänglich, denke ich schon, etwas zu beflissen. Sie tut ja gerade so, als ob ich ihre Stammkundin wäre. »Guten Tag, ich suche eine Haarschneideschere für Kinder. Also so eine, die vorne nicht so spitz und gefährlich ist, sondern ein bisschen abgerundet – wenn's das gibt«, erkläre ich umständlich. »Also, so was«, ruft die Dame zu ihren drei Kolleginnen hinüber, die sich gerade an den Schubladen hinter der Unterwäsche tummeln. »Das Kind ist noch nicht mal auf der Welt, und da will sie ihm schon die Haare schneiden!« Sie blickt amüsiert auf meinen Bauch. Ich auch. Er wölbt sich neckisch hervor, sicher. Aber ist es schon so schlimm, dass die Leute denken, ich sei schwanger?! Ich weiß gar nicht, worüber ich jetzt mehr entrüstet sein soll: dass die Verkäuferin das denkt oder über ihre unverschämte Offenheit? Irritiert und etwas böse kontere ich: »Ich habe bereits zwei Kinder.« Jetzt ist es die Dame, die erstaunt guckt. »Ach du liebe Zeit! Haben Sie eine Doppelgängerin? Waren Sie nicht gestern erst hier?« »Nein«, antworte ich und merke, wie sich mein verkrampfter Nacken entspannt. Der Irrtum scheint sich aufzuklären. Fast empfinde ich schon Mitleid mit der Verkäuferin: Sicherlich ist ihr der Ausrutscher unheimlich peinlich. Sie hat mich einfach mit einer anderen verwechselt, das kann ja jedem passieren. Doch dann fügt die bekittelte Dame hinzu: »Die Frau sah genauso aus wie sie, und sie war auch schwanger ...«

Distanzlose Doktoren

Am nächsten Tag suche ich den Hautarzt auf. Ich habe gehört, man solle sich einmal im Jahr die Leberflecken auf möglichen Hautkrebs untersuchen lassen. Mit den Kindern wächst das Verantwortungsbewusstsein. Jedenfalls nehme ich die Sache ernst. In der Praxis von Herrn Doktor Bürgel werde ich in ein kleines Kabuff geschickt, wo ich mich komplett entkleiden soll. »Achtung, nicht am Boiler stoßen!«, ruft die Sprechstundenhilfe hinter mir her. Ich lege nach und nach alle Kleidungsstücke ab und stehe splitterfasernackt herum. Ein unheimlich blödes Gefühl ist das. Sogar beim Frauenarzt darf man wenigstens oben was anbehalten. Über mir surrt eine Neonröhre. Das Licht macht mich aschfahl. Auf meinen Beinen zeichnet sich deutlich eine Landschaft von Besenreisern und blauen Flecken ab. Ich stehe unsicher in der Gegend herum. Soll ich jetzt rübergehen ins Behandlungszimmer? Sicher führt diese zweite Tür dort hin. Oder werde ich vom

Arzt persönlich gerufen? Nichts ist unangenehmer als der Gedanke, nackt durch die Tür zu spazieren, dann festzustellen, da sitzt ja schon ein Patient, und vom Arzt in strengem Ton wieder hinausgewiesen zu werden: »Ich rufe Sie dann schon, wenn Sie dran sind.« Mein Kabuff misst nicht mehr als drei Quadratmeter, und es ist eiskalt. Außer dem Boiler, der oben in der Ecke hängt, und einer weißen Plastikbank gibt es hier nichts. Ich starre auf die Raufasertapete, drei, vier, fünf Sekunden lang, und bekomme eine Gänsehaut. Dann beschließe ich, mir die Unterwäsche überzuziehen und einfach reinzugehen. Als ich mich gerade bücke, um mir meine Unterhose vom Boden zu angeln, geht mit Schwung die Tür auf. Doktor Bürgel steht über mir und begrüßt mich mit schallender Stimme. Ich fahre erschrocken hoch und stoße mich am Boiler.

Dann sitze ich auf Doktor Bürgels Liege und lasse mich mit der Lupe inspizieren. »Sind Sie schwanger?«, fragt der Doktor. Er guckt mich an, nimmt aber das Vergrößerungsglas nicht weg. Sein Auge sieht aus wie das von einem Rieseninsekt. »Ja, achte Woche«, lüge ich. »Da muss man ja immer etwas vorsichtig sein, nicht wahr«, sagt der Arzt und lacht. »Manche Frauen sind ja einfach nur dick, da ist die Frage dann natürlich etwas peinlich.« Doktor Bürgels Befürchtung ist begründet. Ich möchte lieber über was anderes reden. Doch der Doktor hat beschlossen, heute gleich ein paar Böcke zu schießen. »Es ist unglaublich. Alle hier im Viertel bekommen Kinder. Wir hier in der Praxis sagen manchmal zum Spaß, das ist ja fast schon wie eine Infektionskrankheit.« Wieder schallendes Gelächter. Ich wünsche Doktor Bürgel, dass er bald mit seiner Glotzerei fertig ist. Sonst gibt es hier einen Eklat.

Eines Morgens komme ich nicht mehr aus dem Bett hoch. Am Vortag noch habe ich versucht, mit Laptoptasche auf dem Rücken einen Koffer voller Winterklamotten vom Schrank herunterzuheben, und dabei eine ungute Drehung gemacht. Jetzt wende ich mich in gewohnter Weise nach rechts, um aufzustehen. Ein Stich durchzuckt meine Pobacke rechts unterhalb des Steißbeins. Wimmernd werfe ich mich zurück in die Kissen. Ich gucke hilfesuchend rüber zu meinem Mann. Er schläft noch, seine Atemzüge gehen langsam, regelmäßig. »Auf jetzt«, feuere ich mich an und versuche es über die andere Seite. Vergeblich. Nach einer knappen Stunde habe ich es durch umständliche Verrenkungen geschafft hochzukommen und schlurfe in gebücktem Gang, die Hand ans Kreuz gepresst, ins Bad. Als mein Mann mich sieht, ruft er sofort den Arzt. Eigentlich wollte ich die Kinder in die Kita bringen, denn er muss gleich los ins Büro und hat heute einen wichtigen Termin. Aber es geht einfach nicht. Mein Körper streikt. Schicht, Ende. Ich liege auf der Matratze und jammere vor Verzweiflung. Eine Mutter, die nicht einsatzfähig ist? Das darf nicht sein. Heutzutage schickt man jedem Autofahrer, dem in der Frühe die Karre nicht anspringt, eine gelbe Minna, und dann kommt er sogar noch rechtzeitig zur Arbeit. Wo bleibt der Bereitschaftsdienst für junge Eltern mit Termindruck und Hexenschuss?

Gegen neun klingelt Doktor Fuchs. »Guten Tag, Herr Doktor, schön, dass Sie kommen«, sage ich mit dümmlich jovialer Geste, die gar nicht zu meiner misslichen Lage passt. »Dafür bin ich ja da«, antwortet der Arzt lakonisch. Er spricht mit leichtem fränkischem Dialekt und sieht aus wie ein Igel: Das volle Haar steht streng gescheitelt zu beiden Seiten ab. An den Füßen trägt er braune Herrensandalen. Mein Vater hat solche. Ich mag Herrn Fuchs. Er ist meine Rettung. Es ist mir sogar egal, dass ich allein mit ihm bin und nur Schlüpfer und T-Shirt trage, mit nichts darunter. Ich bette mich mühsam auf die Matratze am Boden. »Na, junge Frau, wird Zeit, dass Sie sich mal ein ordentliches Bett zulegen, was?«, schnarrt der Doktor. »Nicht umsonst gibt es Federungen und Lattenroste.« Dann hebt er meine Beine hoch in die

Luft und biegt sie in verschiedene Richtungen. »Tut das weh?« – »Nein.« – »Und das?« – »Nein.« – »Das?« – »Jaaa!« »Was machen Sie denn beruflich?«, will Herr Fuchs nun wissen. »Ich war mal Buchhändlerin. Jetzt schreibe ich. ... Aua!«, schreie ich. Der Arzt hat mir eine Spritze in den Po gerammt. »Aha«, ruft er aus. »Das habe ich mir schon gedacht! Sie sind eine *Kopf*arbeiterin. Sie sollten unbedingt Gymnastik machen!« Herr Fuchs rudert mit den Armen in der Luft und macht zur Veranschaulichung eine Vorbeuge. »So, und so. Haben Sie Kinder?« Als ich bejahe: »Sie müssen ihre Beckenbodenmuskulatur stärken, und Bauch und Rücken. Sonst wird das nichts.« Als ich Herrn Fuchs zur Tür begleiten will, wehrt er ab: »Bemühen Sie sich nicht. Sie bleiben schön liegen. Mindestens drei Tage lang. Am besten Stufenbett. Damit sich Ihre Muskulatur entkrampft. Sollten Sie gegen meinen Rat schon früher wieder aufstehen, sind Sie leider wahnsinnig.« Beim Rausgehen wirft er offenbar einen Blick ins Wohnzimmer. »Wer spielt hier Klavier«, schreit er in militärischem Ton nach hinten zu mir ins Schlafzimmer. »Ich, und mein Mann«, antworte ich mit schwacher Stimme. »Schön!«, schallt es zackig herüber. Rumms, die Tür fällt ins Schloss.

Stille. Und wie ich so in mein Bett zurücksinke und dem Brennen der Spritze nachspüre, fällt mir wieder ein, wie ich, damals noch ahnungslos, meine beste Freundin Alina nach der Geburt besuchte. Sie hatte als Erste von uns ein Baby gekriegt. »Der Bauch ist ja immer noch da«, blökte ich schon beim Reinkommen. »Tja, neun Monate schwanger, neun Monate Rückbildung«, lächelte Alina tapfer. Gratuliere, Julia, mehr Holzklotz geht wirklich nicht.

Rührung und Freiheit –
Väter im Kinofilm   *Thomas*

In dem Spielfilm *Die Insel* ist es kaum mehr als eine Sekunde, die an Vaterschaft, Elternschaft, Kinder denken lässt. Aber es ist einer der stärksten Momente des Films. Der großartige Ewan McGregor und die etwas überschätzte Scarlett Johansson spielen zwei geklonte Menschen, sie sind biologische Doppelgänger. Sie wurden in einer herzlosen Welt der Zukunft gezüchtet, um reichen Amerikanern als organisches Ersatzteillager zu dienen. Das wissen die beiden natürlich nicht. Gemeinsam mit Hunderten anderer solcher Klone leben sie in einer Retortenwelt, einer unterirdischen, scharf bewachten Station. Etwas anderes kennen sie nicht. Eines Tages brechen die beiden aus und erfahren die Wahrheit. Ihr erster Impuls ist, sie wollen ihre Originale aufsuchen. Auf dieser Reise durch die USA, eine für sie fremde, aufregende Welt, sieht die Frau unterwegs etwas, das sie nicht kennt: ein Kind. Und es redet sie plötzlich mit »Mama« an. Es ist das Kind ihres Originals. Das ist eine dieser emotionalen Attacken, die dem Kino so leicht kein anderes Medium nachmacht. Es treibt einem die Tränen in die Augen.

Und dann wurde ich doch kurz stutzig. Brauchen wir diese filmische Überhöhung, um etwas als echt und real anzunehmen? Denn ich habe doch, meine Güte, selbst kleine Kinder! Ich muss also nur ins Zimmer nach nebenan gehen, um etwas zu erfühlen – mit dem schlagenden Vorteil, dass es *tatsächlich* echt ist. Aber gefiltert durch die große Leinwandkultur, sieht man plötzlich nur noch diese großen Augen, das Wunder eines kleinen Menschen, der die Welt noch unverstellt und erwartungsvoll ansieht. Kitsch, der auch Wahrheit ist. Hier überschlagen sich die Begriffe von Verlogenheit und echtem Gefühl. Das Kind symbolisiert etwas, das sprachlos macht. Peter Sloterdijk schrieb in den Achtzigern: »Heute tritt der Zyniker als Massentypus auf.« Wer würde bezweifeln, dass diese Haltung noch dominiert. Wir entdecken hier nun eine Lücke, die Alltagszynismus außer Kraft setzt.

Die emotionale Waffe Kind funktioniert im Kino der Rührung besser als jede andere. Was bedeutet schon ein Kuss, das reißt keinen mehr vom Hocker. Wenn es ans Eingemachte gehen soll, hilft eher ein Vater-Sohn-Drama.

Das Kind im Bruce

In dem schönen Disney-Film *The Kid* spielt Bruce Willis den supererfolgreichen Imageberater Russell, der in Hollywood in einer Designwohnung lebt. Ein eiskalter Hund. Seine Kollegin und Teilzeitfreundin Amy gibt die gute Seele des Films, das wird schnell klar. Nach genau einer Viertelstunde sagt sie im Streit zu ihm: »Nur manchmal, da habe ich einen ganz kleinen Einblick in das Kind in dir.« In der nächsten Sekunde, so angenehm plakativ ist das US-Kino, taucht es schon auf: das Kind in ihm. Plötzlich ist da nämlich ein Junge in seiner Wohnung, den er nicht wieder loswird, und das ist er selbst als Achtjähriger. Ein dicker, gutmütiger Kerl, der Hunde liebt und nichts lieber werden will als Pilot. Achtzig Minuten lang wird Russell sich mit ihm auseinandersetzen, wird das Kind in sich wieder annehmen und endlich ein glücklicher, guter Mann werden. Zur Belohnung gibt es die schöne Amy als Ehefrau.

Noch ein größerer Blockbuster ist *Hook* von Steven Spielberg. Darin ist Peter Pan erwachsen geworden, hat seine Kindheit vergessen und arbeitet als Wirtschaftsanwalt. Nun aber kidnappt

Captain Hook seine beiden Kinder. Um sie zu retten, muss der Schlipsträger Peter wieder ins Nimmerland und mühsam lernen, wer er war. Dann kommt der große Moment, in dem er endlich wieder das Fliegen lernt. Und wie? Ihm fällt ein, dass er ein Vater ist. »Ich bin ein Daddy!«, ruft Peter, das ist sein »wunderbarer Gedanke«. Er wird wieder ganz Kind und Erwachsener, löst alle Knoten seines verkorksten Lebens. Nun ist er für den Kampf mit Hook gewappnet.

Kurz vorher hatte Peter in einen See geblickt und sich darin als jungen Pan gesehen. Eine Anspielung auf Narziss (der sich vom Anblick seines Spiegelbilds nicht mehr lösen kann). Doch Peter beherzigt gerade noch rechtzeitig den Rat des Orakels von Delphi: »Erkenne dich selbst.« Und der Mann erkennt sich: als Kind. Danach kann Peter auch wieder krähen. Pan und seine Lost Boys krähen bekanntlich, das ist ihr Schlachtruf. Daran hätte jeder Philosoph seine helle Freude: In diesem vorsprachlichen Zustand sind sie so kindlich, wie man nur sein kann, und deswegen sind sie frei.

Am Ende von *Shrek 2* opfert sich der König, nachdem er sich lange hat korrumpieren lassen, in letzter Sekunde für seine Tochter. Der Film erzählt folgende Geschichte: Shrek, der riesige, grüne Oger, ist verliebt in Fiona, die tags Prinzessin ist, nachts aber auch zum Oger-Mädchen wird. Ziemlich verrückt. Für ihn verzichtet sie bald ganz auf ihre menschliche Seite und ist nun Oger-Frau. Der erste Besuch bei den Schwiegereltern wird für Shrek zum Prüfstein. Oger sind quasi die bösen Germanen oder die rohen Hochland-Schotten unter den Märchenwesen. König und Königin sind nicht erbaut darüber, dass ihre Tochter Fiona nun ganz eines dieser häßlichen und bedrohlichen Wesen ist. Deswegen lassen sie sich auf eine Intrige ein, die das Shrek-Mädchen doch noch dem schmierigen Prince Charming und seiner Mutter, einer bösen Fee, in die Arme treiben soll.

Erst ganz am Schluss des Films denkt der alte König um, entdeckt seine Vaterliebe wieder und wirft sich in die Schusslinie eines Fluchs, der Fiona zerplatzen lassen sollte. Der König stirbt nicht, verwandelt sich aber in einen Frosch und nimmt damit seine eigentliche, immer geheim gehaltene Gestalt wieder an. Der unterkühlte Patriarch lässt die Hülle eines strengen Herrschers fallen, wird herzlicher Vater und wird auch wieder er selbst – ein Frosch nämlich. Nun sind alle glücklich, und auch das Ogersein der Tochter ist okay. Denn alle sind gleich: grün und häßlich, und das ist schön.

Der Peter Pan aus *Hook* ist, einmal im Nimmerland angekommen, wieder ein Kind geworden, das sich erst noch zusätzlich als Vater entdecken muss, um ganzer Mensch zu sein. Dem Imageberater Russell aus *The Kid* geht es umgekehrt (aber das Resultat ist dasselbe): Er wird Vater wider willen, weil der renitente Junge bei ihm aufgetaucht ist, muss dann das Kind in sich selbst entdecken und wird dadurch ein ganzer und guter Mensch. Immer geht es um das Kind im Mann und den Mann als das ewige Kind. Kein Vergleich mit den problematischen, tragischen Romanen, in denen Frauen sich als Mütter thematisieren. In unserer derzeitigen Kultur ist Mutterschaft offenbar mit zweifelnden Konnotationen belegt. Mütter in Kulturprodukten sind gebrochene, zumindest unsichere Figuren. Vaterschaft dagegen ist ein sentimentaler Traum.

Schon Jesus hat's gesagt

Blockbuster funktionieren so gut, weil sie mit ihren Bildern Ideen ansprechen, die schon tief in uns stecken. Anders als bei Müttern gibt es nicht das stereotype Vaterbild, das zu entzaubern wäre. Aber es gibt das Bild vom abwesenden Vater, der zu viel arbeitet. Dies wiederholt sich in allen genannten Beispielen. Selbst der

König aus *Shrek* hat seine Tochter als Kind lieber weggegeben, als sich zu kümmern. Väter – also jetzt nicht Väter im Film, sondern echte Väter, die diese Filme so gut ansehen können – haben offenbar ganz allgemein ein schlechtes Gewissen, weil sie zu wenig bei den Kindern sind. Wäre es anders, würde dieses Thema nicht immer wieder so einen guten Filmstoff hergeben. Kein Wunder, dass Kinder oft sagen: »Ich wünsche mir, dass Papa mehr Zeit für mich hat.« Und in der berühmten Udo-Jürgens-Schnulze »Ich will mit dir einen Drachen bau'n« heißt es bitter: »Für so was hast du niemals Zeit.«

Im echten Leben muss der Vater sich erst noch als solcher selbst finden. Das Kino, das dabei ja helfen könnte, tut dies gern egoistisch, in einer Nabelschau dessen, der doch auch wieder Kind werden will. Und in der Tat spielen viele Männer, die Kinder bekommen, plötzlich wieder Fußball, treffen sich auch ohne die Kinder mit anderen Vätern auf Bolzplätzen oder Basketballfeldern.

Da passt es, dass Kinder in der aktuellen Mainstream-Kultur besonders für Väter als der leuchtende Pfad dargestellt werden. Sie helfen ihnen dabei, Menschen zu werden. Es wirkt fast religiös. Jesus hat das vorweggenommen. Markus 10, 14–16: »Lasset die Kindlein zu mir kommen und wehret ihnen nicht; denn solcher ist das Reich Gottes. Wahrlich ich sage euch: Wer das Reich Gottes nicht empfängt wie ein Kindlein, der wird nicht hineinkommen. Und er herzte sie und legte die Hände auf sie und segnete sie.«

Nur dass er, hoffen wir doch zumindest, sie nicht gebraucht hat, um in sich selbst vergessene spielerische Aspekte freizulegen, die ihn endlich glücklich machen sollen. Das unterscheidet ihn vom modernen Vater.

Gefühlskälte – Mütter in Film und Literatur *Julia*

Auf dem 57. Filmfestival von San Sebastián im Herbst 2009 war Mutterschaft in all ihren Facetten das große Thema. Von der älteren, besitzergreifenden Mutter über die moderne Mutter, Typ »beste Freundin«, bis zur Mutter als Opfer und Hexe. Und manchmal erschienen auch einfach die Männer als die besseren Erzieher, wie in François Ozons Film *Le Refuge*. Da erzählt der französische Regisseur von einer drogensüchtigen Frau auf Entzug, die ihr Baby nach der Geburt ihrem schwulen Schwager in die Arme legt mit den Worten: »Ich habe gesehen, mit welchen Augen du das Kind betrachtet hast, ich überlasse dir das Kind, bei dir ist es besser aufgehoben.« Der Vater des Kindes ist zuvor an einer Überdosis gestorben.

Das Motiv der Mutter, die ihre Kinder weggibt, verlässt oder gar tötet, ist kulturhistorisch ein Dauerbrenner. Das geht schon bei der antiken Medea los, die sich an ihrem Mann rächt, indem sie ihre Kinder umbringt. Goethe lässt im *Faust* das Gretchen sein uneheliches Kind töten, aus Angst vor gesellschaftlicher Ächtung. Das Thema fasziniert und schockiert immer wieder, weil die Idee von der naturgegebenen Mutterliebe so felsenfest in uns verankert ist. Dass nicht jede Mutter ihr Neugeborenes sofort überwältigt in die Arme schließt, habe ich zum ersten Mal von unserer Hebamme gehört. Sie sagte, es komme oft vor, dass Mütter erst mal einen Moment brauchen, bevor sie ihr Baby annehmen können. Manchmal stoppt die Geburt kurz vor Austritt des Kindes einfach aufgrund des plötzlich aufkeimenden, irrational erscheinenden Wunsches der Mutter, alles möge noch rückgängig gemacht werden. Vielleicht ist das eine Vorahnung der großen Verantwortung, die auf sie zukommt.

Da sind neben der Liebe auch Erschöpfung, Angst, Überforderung. All das und viel mehr gehört zum Muttersein. Das gesellschaftlich geprägte, stereotype Bild der Mutter sieht aber eher so aus: bedingungslos liebend, sich aufopfernd, geduldig, vernünftig, immer da. Was geschehen kann, wenn Fürsorge und Ablehnung oder Liebe und Gleichgültigkeit aufeinandertreffen, haben Autorinnen wie Julia Franck und Joan Barfoot und Filmemacherinnen wie Emily Atef dargestellt.

Atef hat sich mit dem Thema der depressiven Mutter beschäftigt. In ihrem 2008 erschienenen Film *Das Fremde in mir* erwarten Rebecca und Julian voller Freude ihr erstes Kind. Doch kaum ist das Baby da, merkt Rebecca, dass sie den Anforderungen des Mutterseins offenbar nicht gewachsen ist. Ihr Kind bleibt ihr fremd. Der Zustand verschlechtert sich, nicht einmal ihrem Mann kann sich die junge Mutter anvertrauen. Julian arbeitet von früh bis spät, damit Rebecca erst mal mit dem Kind zu Hause bleiben kann, und so bekommt er zunächst nicht viel von ihren Problemen mit. Sie wiederum weiß nicht, wie sie das Unaussprechliche formulieren soll. Sie versteht ihre Gefühle selbst nicht. »Alle haben gesagt, wie toll er riecht«, erzählt sie später einmal über das Neugeborene. »Ich hab da nichts gerochen.« Schließlich muss sie sogar fürchten, eine Gefahr für ihr Kind zu werden. Sie sucht sich professionelle Hilfe. In der Therapiesitzung gesteht sie zögernd, wie sie einmal ihren Sohn in der Badewanne kurz losgelassen hat. Im Film ist das ein ganz unspektakulär inszenierter Moment. Rebecca schaut einfach interessiert zu, was passiert. Als das Kind unter Wasser taucht und mit großen Augen zu spucken und zu prusten beginnt, holt Rebecca es wieder heraus und drückt es an sich. Doch der Therapeut kann an der Geschichte nichts Schlimmes finden. Die junge Frau ist fassungslos. Mehrmals wiederholt sie: »Aber ich wollte es tun.« Worauf er erwidert: »Sie *haben es aber nicht getan*! Sie wollten ihn schützen.«

Bei einer postpartalen, also nachgeburtlichen Depression (PPD) leiden die betroffenen Frauen unter extremen Stimmungsschwankungen, die auf die Hormonumstellung nach der Entbindung, aber auch auf psychische Faktoren wie Angst, Überforderung oder Isolation zurückzuführen sind. Den sogenannten Babyblues, eine kurze depressive Phase wenige Tage nach der Geburt, haben die meisten. Aber etwa zehn bis zwanzig Prozent erleben im ersten Jahr nach der Geburt eine ernstzunehmende Depression bis hin zur Psychose. Im schlimmsten Fall besteht die Gefahr eines Kindsmords oder Suizids.

Erst kürzlich war in der *Süddeutschen Zeitung* die traurige Meldung zu lesen, eine 27-jährige, bisher völlig normal erscheinende Mutter habe ihre beiden Kinder vom Balkon geworfen und sei anschließend selbst hinterhergesprungen. Die Frau und ihre zwei Monate alte Tochter waren sofort tot, der vierjährige Sohn hat schwer verletzt überlebt. Bezeichnend sind folgende Informationen: »Der Ehemann der Frau und Vater der Kinder war zur Tatzeit bei der Arbeit und steht unter Schock.« Und: »Es wird geprüft, ob die Frau Depressionen oder andere psychische Probleme hatte.«

Gleichgültig, müde, aggresiv

Wenige wissen um die Problematik der PPD, sie scheint immer noch ein gesellschaftliches Tabu zu sein. Zwar kann man heute in fast jedem Schwangerschaftsratgeber ein paar Sätze dazu lesen, aber das nimmt kaum jemand ernst, weil kaum jemand darüber spricht, weder Hebammen in Geburtsvorbereitungskursen noch Frauenärztinnen. Selbst meine Mutter hat mir lange nicht erzählt, dass sie, nachdem ich als drittes Kind auf die Welt gekommen war, eine Depression hatte und mit starken Medikamenten behandelt wurde. »Ein Baby stellt eben das Leben auf den Kopf«, liest man hin und wieder, in einem Ratgeber wird vom »Jahrmarkt der Gefühle« gesprochen. Das klingt putzig. Werdende und frisch entbundene Mütter haben in unserer Gesellschaft einfach erfüllt und glücklich zu sein. Ein Faktor, der sicherlich mit Auslöser einer Depression ist. Viele dieser Frauen schämen sich ihrer ablehnenden, so gar nicht den Erwartungen entsprechenden Gefühle dem Kind gegenüber. Sie werden gleichgültig, müde, verzweifelt oder aggressiv.

Ähnliches spielt die Autorin Julia Franck in ihrem mit dem Deutschen Buchpreis ausgezeichneten Roman *Die Mittagsfrau* durch. Sie schildert die Geschichte von Helene, die in den zwanziger Jahren von Bautzen nach Berlin kommt und dort ihre große Liebe trifft, den jüdischen Philosophiestudenten Carl Wertheimer. Doch Carl stirbt bei einem Verkehrsunfall. Ab da stumpft Helene ab. Sie stürzt sich in ihre Arbeit als Krankenschwester. Gleichgültig wirft sie sich in die Arme des erfolgreichen Ingenieurs und überzeugten Nazis Wilhelm. Als er um ihre Hand anhält, sagt sie ja. In der Hochzeitsnacht erfährt Wilhelm, dass sie keine Jungfrau mehr ist, und fühlt sich getäuscht. Das hält ihn nicht davon ab, Helene regelmäßig zu missbrauchen. Sie bekommen ein Kind, Peter. Anfangs kümmert sich Helene intensiv um ihr Baby. Doch unter den ständigen Demütigungen ihres Mannes, der sie bald ganz allein lässt, wird Helene immer kälter. Sie denkt nur noch an ihre Patienten, die vielen Kriegsverwundeten, die sie jetzt dringend benötigen. Der kleine Peter, der fortwährend um ihre Liebe buhlt, wird ihr lästig. Aber auch Helene hat nichts wirklich Böses im Sinn. Sie will ihr Kind schützen. Vor sich, vor ihrer zunehmenden Teilnahmslosigkeit. Sie packt seinen kleinen Koffer und legt die Adresse ihres Schwagers mit hinein. Sie näht Peter sogar noch einen passenden Schlafanzug und legt ihn ganz obenauf, ein von der Autorin schlau inszenierter Akt, der Helenes große, nach außen hin nicht sichtbare Liebe verdeutlicht. Es heißt: »Es sollte ihm an nichts mangeln, deshalb musste er fort, fort von ihr. Helene weinte nicht, sie war erleichtert. Die Aussicht, dass er es besser haben würde und jemand mit ihm sprechen würde, über dies und jenes und die Sonne am Abend, das machte sie froh.« Eines Tages eröffnet sie ihm, sie würden nach Westen reisen. Peter freut sich. Am Bahnhof jedoch lässt sie ihn mit dem Hinweis, sie wolle die Fahrkarten kaufen, allein sitzen und kommt nicht wieder.

Viele Leser haben mit Unverständnis auf das Buch reagiert. Dass Helene ihr Kind zurücklässt, sei vollkommen unerklärlich. Sicher, ihr Handeln ist schwer nachzuvollziehen, aber nicht unerklärlich. Die Autorin stellt das Problem der mütterlichen »Gefühlskälte«, wie sie es nennt, ins Zentrum der Geschichte. Schon Helenes Mutter gilt bei den Nachbarn als Verrückte, als Außenseiterin. Aber die Leser erfahren, dass sie als Jüdin nie in die Gemeinschaft integriert wurde. Zudem verlor sie im Laufe ihres Lebens insgesamt vier Söhne nach der Geburt, was sie nie verkraftet hat. Sie flüchtet sich in ihre eigene Welt, ist teils aggressiv, unflätig, teils innerlich völlig abwesend, unfähig zur Empathie. Die Leute haben keinen Begriff für dieses Verhalten und sprechen in ihrer Hilflosigkeit nur von der »Mittagsfrau«, die Helenes Mutter verwirrt habe – eine lokale Sagengestalt.

In *Abra*, dem 1979 erschienenen Buch der kanadischen Schriftstellerin Joan Barfoot (deutscher Titel: *Eine Hütte für mich allein*) geht es um eine junge Ehefrau und Mutter, die Mann und Kinder ohne Vorwarnung verlässt, um ein Eremitendasein in einer einsamen Hütte im Wald zu führen. Bis erst ihr Mann und Jahre später ihre inzwischen erwachsene Tochter auftauchen und sie vor die Frage stellen: »Was ist passiert? Warum hast du uns im Stich gelassen? War dir egal, was du uns antust, den Kindern, deinen Eltern?« Ihre Tochter bezeichnet sie gar als »die egoistischste Person, die mir je begegnet ist. Nie möchte ich so unmenschlich werden wie du. Du bist verrückt.«

Abra entscheidet sich aus freien Stücken, wegzugehen. Ohne wirkliche Not. Ihre Familie liebt sie, und sie liebt ihre Familie. Aber sie merkt, dass sie immer gleichgültiger wird. Ständig hat sie das Gefühl, Zuschauerin zu sein bei etwas, das außerhalb von ihr stattfindet, nicht zu ihr gehört. Morgens kommt sie irgendwann kaum noch aus dem Bett, und kleinste Aufgaben stellen sie vor unlösbare Probleme. Sie hat die ganze Zeit »funktioniert«. Und jetzt droht ihr alles zu entgleiten.

Extreme Mütter

Wunderbar unkorrekt sind Stellen wie diese, in der sie sich an den Alltag mit den Kindern erinnert: »Es lag schon ein paar Jahre zurück, Katie ging noch nicht zur Schule, wir waren in die Stadt gefahren, um einzukaufen, was ziemlich selten vorkam, und waren beide erschöpft durch das viele Gehen und die Läden mit all diesen Dingen und Leuten, und da wir schon zu lange unter diesem Druck waren, gingen wir uns auch gegenseitig auf die Nerven. Katie hatte aus purer Erschöpfung zu weinen angefangen, ganz leise, eher ein Wimmern, und das hatte mich in Rage gebracht, irgendetwas ausgelöst; ich packte sie am Arm und schleifte sie einfach mit, zwang uns beide, noch mehr Läden abzuklappern, Katie heulte immer lauter, und ich konnte deutlich spüren, wie sich mein Gesicht verkrampfte, und ich wollte sie wirklich quälen, einfach quälen, blindwütend, und konnte überhaupt keinen Gedanken fassen. Meine Wut verflog, als wir nach Hause kamen, und ich hätte in den Boden versinken können vor Scham. (…) Ein Rest von Angst blieb jedoch, Angst vor ihr und Angst um sie. Vor ihr, weil sie Zeuge dieses Vorfalls geworden war, und um sie, weil ich es auch miterlebt hatte.«

Solche Bücher und Filme zeigen extreme Möglichkeiten von Mutterschaft auf. Hier begegnen wir Müttern, wie sie nach landläufiger Meinung gar nicht existieren dürfen. Die Geschichten sind teils tieftraurig, aber auch befreiend, weil sie so menschlich sind und Mutterschaft entmythologisieren. Mütter sind keine halbgöttlichen Wesen mit unbegrenzter Strapazierfähigkeit. Für Mütter gibt es – wenn sie Glück haben – auch noch ein Leben neben den Kindern. Sie lieben ihre Kinder, sie haben entsetzliche Angst um sie, aber manchmal haben sie auch etwas ganz anderes im Kopf und wollen einfach nichts von ihnen wissen. Es gibt viele Gründe dafür, dass Mütter dem idealen Bild nicht entsprechen wollen oder können.

Wer Vater wird, muss sich als Sohn neu entdecken *Thomas*

Mein Bekannter Fabian, so alt wie ich und ebenfalls Vater, meldet sich wieder einmal bei mir. Sein Sohn ist ein halbes Jahr alt, und naturgemäß hat die Welt in letzter Zeit von Fabian nichts gehört. Nun berichtet er mir aus seinem neuen Leben. Wir sitzen bei Johnny, einem Italiener, kurz nach Feierabend. Er lebe wie ein Mönch, sagt Fabian: Abends zwischen zehn und elf ins Bett, morgens um fünf Uhr aufstehen. Wenn alles gut läuft, kurz joggen und dann noch die Zeitung lesen. Um halb sieben wache sein Sohn auf. Johnny kommt an unseren Tisch. Er bringt kleine Rotweingläser und große Wassergläser und lächelt ein bißchen mitleidig. Fabian hat hier früher, also bis vor kurzem, viele Nächte an der Theke verbracht.

»Es hat echt ein bisschen gedauert, zu begreifen, dass das Leben sich total verändert hat«, meint Fabian. Auch ich selbst kann mich übrigens beim besten Willen nicht mehr erinnern, wie ich gelebt und gedacht habe, bevor ich Kinder hatte. Dann spricht Fabian einen anderen dunklen Punkt an: Er berichtet vom ständigen Streit mit seiner Freundin, den er auf die »unklaren Rollenbilder« zurückführt. Die meisten von uns kennen ja aus der eigenen Kindheit noch das Muster: Papa geht zur Arbeit, Mama ist zu Hause. Aber, so Fabian: »Unsere Frauen wollen das nicht mehr so. Und das ist ja auch toll. Dafür liebe ich sie ja auch.« Zum Thema alte Rollenverteilung bemerkt er nur kühl: »Mein Vater ist ein echtes Arbeitstier gewesen, im mittleren Management bei Mercedes. Er hat sich für den Job aufgerieben und ist früh gestorben.«

Der innere Kampf

Mein Vater, mein Vorbild?

Naheliegendes Vorbild, wenn man Vater wird, ist natürlich der eigene Vater. Allerdings hat sich die Jobbeschreibung seit damals dramatisch verändert. Was es heißt, ein moderner Vater zu sein, ist noch gar nicht klar. Bisher höre ich überall nur von Zweimonatsvätern, also von arbeitenden Papas, die ihr Minimum an acht Wochen Elternzeit nehmen und nachher ungeheuer stolz darauf sind. Die Artikel und Bücher, die man darüber liest, klingen wie Kriegserinnerungen. Kürzlich erschien ein Buch, das war aufgemacht wie ein Band von *Lederstrumpf*. Aber der Geplagte, der da schwitzend durch die Prärie wanderte, hatte statt eines Rucksacks oder eines Gewehrs einen Säugling auf der Schulter. Im *Stern*, wo kürzlich das Versagen der modernen Väter Titelthema war, durfte ein junger Vater sagen: »Ich habe mich noch nie so einsam gefühlt wie in diesen Monaten zu Hause.« Man leidet, aber macht sich nicht klar, dass diese Gefühle für die meisten Frauen selbstverständlich sind. Wir sind gerade erst im Mittelalter der Vaterschaft angekommen. Auf Renaissance und Aufklärung warten wir noch vergeblich.

Also bleibt einstweilen das alte Väterbild an uns kleben. Es steckt voller Fallen. Zwei befreundete Mütter erzählen mir bei einem Gespräch auf dem Spielplatz unisono, dass ihre eigenen Väter, Mitte sechzig, Anfang siebzig, immer noch nicht wüssten, wie sie mit ihren kleinen Enkeln umgehen sollen. »Mein Vater hat sich ja früher auch nicht für mich interessiert«, sagt Helga. Und dennoch, erinnern wir uns: Viele von uns haben ihren abwesenden Papa mindestens genauso geliebt wie ihre daueranwesende Mutter. Wenn nicht sogar mehr. Ungerechte Welt!

Ich erinnere mich, dass ich abends oft sehnsüchtig auf Papas Heimkehr gewartet habe. Immer wieder schaute ich aus dem Fenster und lauschte auf das Brummen seines Autos.

Einmal hat er ein großes Überraschungsei mitgebracht, das mindestens dreimal so hoch wie die normalen war. Keine Ahnung, warum ich das noch weiß, auch keine Ahnung, was drin war, aber ich erinnere mich noch daran, obwohl es doch mindestens dreißig Jahre her sein muss.

Papa hat auch mit mir, lange bevor ich in die Schule kam, Zahlen geübt und mir den Taschenrechner erklärt, den ich so liebte – auch die rot leuchtenden Ziffern habe ich nicht vergessen. Ist es da ein Wunder, dass ich in Mathe später immer super war und mit dem Fach mein Abitur gerettet habe? Als ich mit etwa fünf Jahren panische Angst vor dem Unendlichen hatte, von dem ich in irgendeinem dieser »Was ist Was«-Bücher für neugierige Kinder gelesen hatte, tröstete er mich mithilfe eines kleinen gelben Spielzeugs. Es war ein Auto, das auf einem drehbaren Ring befestigt war. Wenn man ihn bewegte, fuhr das Auto immer im Kreis. Mein Vater also sagte zu mir, der ich gerade weinte wegen der bodenlosen Tiefen des Alls: »Das Auto hier fährt doch auch immer weiter herum, es kommt nie an ein Ende.« Schon damals dachte ich: An der Erklärung ist doch irgendetwas faul. Aber ich konnte den Fehler nicht benennen. Irgendwie hat es gewirkt.

Echte Väter trinken und sind handwerklich begabt

Ich weiß auch noch, wie mein Vater vor unserem kleinen Haus einmal volltrunken aus dem Auto fiel, als er »etwas später« von der Arbeit heimkam, weil er noch Geschäftsfreunde getroffen hatte. Das gehört für mich auch zum Bild eines Vaters als ganzem Kerl: Er kann mit Bohrmaschine und Teppichmesser umgehen, er hält sich bei der Erziehung eher zurück, fährt Mercedes, liest Fachblätter über neue Videorekorder-Technologie (wir reden über die Achtziger), er weiß alles über Zahlen, den Weltraum und den HSV, er trinkt öfter mal einen zu viel, und er spricht ungern über seine Gefühle.

In den Jahren danach ist einiges passiert. Wir hatten Debatten über Machos und Softies, Ina Deter sang »Neue Männer braucht das Land«. Schwulsein ist zuerst akzeptiert worden, dann fand man es cool, später kamen Tom Ford, der Metrosexuelle, *Tokio Hotel* und die Jugendkultur der Emos. Ein harter Kerl zu sein wirkt heute lächerlich, daran ist nichts mehr zu ändern. Ist ja auch nicht weiter traurig. Es interessiert uns Jungväter aber wegen dieser Kluft zwischen den Generationen, denn bei unseren Papas war noch alles anders. Manches kommt uns so weit weg vor, dass wir die Altväterzeiten als modisches Revival in bauchigen Bierflaschen, Feinripp-Unterhemden und diesen orangefarbenen Designerlampen wiederaufleben lassen.

Unter all den blöden Väterbüchern gibt es eine rühmliche Ausnahme: In *Schwieriges Glück* reflektiert der Autor Eberhard Rathgeb die Liebe zu seinem Kind genauso wie die zu seinem Vater. Er entdeckt sich sozusagen nach zwei Seiten hin neu. In der *Süddeutschen Zeitung* erschien dazu eine ungewöhnliche Besprechung: Der Kritiker wählte eine seltsame Mischform aus eigenem Erlebnisbericht und Buchkritik. Der Artikel ist total unverständlich: offenbar ein Zeichen für die tiefe Verwirrung, die Männer bei diesem Thema befällt. Der Journalist führt sich selbst in der dritten Person ein und nennt sich immer »der Vater«. Dieser »Er« fährt durch München, vorbei am Haus von Thomas Mann, und schreibt darüber folgende bemerkenswerte Sätze: »Thomas Mann besaß ein Fahrrad, aber keinen Fahrradanhänger, dachte der Vater, als dessen wiederaufgebautes Wohnhaus in Sicht kam. Und auch Thomas Mann besaß eine Familie, aber er wurde von seinen Kindern ›Zauberer‹ genannt und sah sie nur zu festgelegten Sprechzeiten, obwohl er fortschrittlicherweise zu Hause arbeitete. Deshalb brauchte er auch keinen Fahrradanhänger. Thomas Mann war ohnehin meist allein und zu Fuß unterwegs, hier an der Isar, und er hat dabei den ›Tod in Venedig‹ konzipiert und nicht das Protokoll vom letzten Elternabend.« Diese Sätze sind Gold wert, bis hin zu dem falschen Dativ am Schluss, weil sie so viel über Väter verraten. Sie machen deutlich, wie »wir Väter« sind: kopflos und ständig beschäftigt. Wir suhlen uns viel zu sehr auf der Tätigkeitsseite des Lebens und sind doch im Hinterkopf viel zu oft mit Höherem beschäftigt. Wir müssen an das Protokoll des letzten Elternabends denken und wollen doch viel lieber über Thomas Mann philosophieren. (Manche jedenfalls. Ich bevorzuge Philip K. Dick und Stanisław Lem.)

Papa, innerlich abwesend

Diese Verrücktheit, mitten beim Umgang mit den Kindern noch etwas anderes, Größeres im Sinn zu haben, ist sehr weit verbreitet. Ein kleines Männchen hämmert von innen gegen den Kopf und sagt immer: »Du könntest doch Bedeutenderes leisten.« Ich kenne viele Männer, denen es so geht. Mein Freund Manuel (drei Kinder, alle unter fünf, die Älteren beide Mädchen) träumt, er wäre Popstar und stünde als Sänger auf einer Festivalbühne. Ein beruflich erfolgreicher Kollege mit einem zweijährigen Sohn sieht sich insgeheim als lässigen Aufreißer im Nadelstreifenanzug, als James Bond und Teil des Jet-Set, und erzählt mir nach jeder Dienstreise ins Ausland von den Discogirls, die er hätte »haben können, wenn da nicht das Gewissen gewesen wäre. Peter schwärmt von Paris, wo er mal einen Sommer gearbeitet habe und wo er »sofort wieder hinfahren« würde, wenn nicht die Kinder wären.

Für unsere Väter lag der Fall damals klar. Sie waren in erster Linie Berufsmenschen und tauchten im Familienalltag nur sporadisch auf. Fast alle Eltern meiner Freunde und Bekannten hat die traditionelle Familien-Arbeitsteilung geformt: Papa schweigt und Mama redet viel, manchmal zu viel. Frauen hatten alles unter Kontrolle, Männer kamen abends erschöpft heim und öffneten ein Bier.

Wenn ich mit den Kindern spiele, hat das eine andere Bedeutung als damals. Für mich ist es nichts Nebensächliches, sondern für mich ist es *die Sache*. Da kann man auch schon mal Panik kriegen, wenn das Gefühl hochkommt: Soll das jetzt alles sein?

Die Identifikation über den Beruf funktioniert für uns nicht mehr gut. Um das zu kapieren, brauche ich nicht einmal meinen Kollegen Robert, der mir in der Mittagspause regelmäßig erzählt, dass es ihm stinke und er in den Sack hauen wolle. Denn wir sind alle wie Robert, oder nein, wir sind sogar noch einen Schritt weiter: Man regt sich nicht einmal mehr auf, weil es einen kaum noch berührt, was »auf Arbeit« passiert. Dafür haben die Manager und der Zeitgeist schon nachhaltig gesorgt. Wenn ich mit meinen Kindern manchmal über einen Friedhof in der Nähe spaziere, sehe ich direkt am Eingang immer einen großen Grabstein, auf dem steht »Karlheinz Adler« und direkt darunter »Justiziar«. Gestorben ist der stolze Herr Anfang des 20. Jahrhunderts. Der Beruf bestimmte seine Identität so stark, dass er ihn noch auf seinen Stein meißeln ließ.

Grabstein als Visitenkarte

Zukünftige Grabsteine werden anders aussehen. Etliche meiner Bekannten haben mehrere Jobs, andere haben mal diesen, mal jenen, und der Rest ist unzufrieden.

Als das Jahr meiner eigenen Geburt anbrach (ich kam erst im Herbst zur Welt), starb der Vater meines Vaters. Mein Beinahe-schon-Papa bekam prompt starken Haarausfall. Eine psychosomatische Reaktion, würde man heute wohl sagen. In unserer

Familie kursiert der Mythos, dass er so eben auf den Verlust reagiert habe. Heute, da ich selbst Vater bin, verstehe ich vieles: Seine Frau, meine Mutter, war damals gerade mit mir schwanger. Und er selbst musste sich im Beruf behaupten, die Lehre lag gerade hinter ihm, und er war auf dem Weg in die Selbständigkeit. Dann noch das ganze Gerede, dass Beruf das Ein und Alles eines Mannes sei, also für die eigene Identitätsbildung extrem wichtig. Und dann stirbt plötzlich sein Vater, so ein typischer Kriegsvater, zu dem man nie eine tiefere Beziehung aufbauen konnte. Das alles zusammen: Was für ein Jahr! Da könnte ich schon vom Zuhören Haarausfall kriegen.

Anton, den ich auf einer Gartenparty kennenlerne, bekennt: Er habe schon einmal die Hände an der Kehle seines Sohnes gehabt, bereit, endgültig Schluss zu machen mit dem Schreien und dem Weinen, mit den schlaflosen Nächten, der miesen Laune und dem Streit mit der eigenen Frau. So oder ähnlich reden viele Väter, die ich frage und die sich trauen, wirklich ehrlich zu sein. Max regt sich über das ewige Ei-di-dei und »Baby ist so süß«-Gerede auf, denn man habe doch genauso oft Lust, die kleinen Monster in die Mülltonne zu stecken. Alle Probleme wären auf einen Schlag beseitigt. Dann erst fiel ihm ein, dass er ja ein zivilisierter Mensch sei. Solche Beispiele zeigen neue Offenheit und alte Verzweiflung. Neu, weil neu für Väter. Alt, weil selbstverständlich für Frauen. Mütter sind wohl kaum beruflich weniger ambitioniert und dafür eher zur Kinderaufzucht disponiert. Männer entdecken nur womöglich jetzt erst, wie anstrengend alles sein kann.

Damit hängt es wohl auch zusammen, dass bei manchen Vätern, die ich kenne, die eben erst beendete Jugend direkt in den körperlichen Verfall übergeht. Jan hatte einen Hörsturz und leidet seit Monaten an Ohrensausen. Wegen angeblicher Unregelmäßigkeiten seines Blutdrucks wird er von Arzt zu Arzt quer durch das Gesundheitssystem geschleust. Keiner kann ihm etwas Handfestes dazu sagen. Er bekommt nur das, was alle bekommen, wenn der Doktor nicht weiter weiß: »Das hat wohl mit Stress zu tun.« Stress ist ja eine Art Wunderwort der modernen Medizin. Ich selbst war beim Zahnarzt, der übertriebenen Bruxismus feststellte, also Zähneknirschen, eine Art neue Volkskrankheit, völlig rätselhaft. Er fragt natürlich: »Haben sie Stress?« Ich sage: »Nein, bloß zwei Kleinkinder.« – »Dann weiß ich Bescheid!« Der Arzt behandelt mich wortlos und entlässt mich dann von der Liege. Zum Abschied schaut er mich mitleidig an und sagt: »Sie sind auch jemand, Sie zählen doch auch. Nicht nur die Kinder. Denken Sie öfter mal daran.«

Das Geheimnis von Lost in Translation

Ich würde meinen Vater ja gern mal *Lost in Translation* sehen, verloren zwischen den Zeitzonen und Kontinenten, denn das meint der Titel des schönen Films ja. Bill Murray spielt darin ebenfalls so einen Geschäftsmann, der nach Japan muss und dem sein Selbst ein wenig abhandenkommt.

Was passiert, wenn die Fassade fällt, bei unseren Vätern, die stramm immer Familie, Beruf, Auto, Garten gemanagt haben? Wenn die Zurückhaltung fallen muss? Wenn ich mit meinem Vater über das Leben und die Familie rede, fragt er oft nach Einkommen, dem (noch nicht vorhandenen und nicht einmal geplanten) Haus, der Sicherheit. Bei uns leider auf der ganzen Linie Fehlanzeige.

Als ich meinen Vater auf Freunde anspreche, meint er nur lapidar: »Das geht dann halt vorbei. Alles hat seine Zeit.« Er hatte irgendwann keine Freunde mehr, er ging zu keinem Stammtisch und keinem Fußballtraining mehr. Für ihn gab es nur noch Familie und Arbeit.

Allerdings hatte er etwas, das ich nicht kenne: Geschäftsfreunde. Das sind Menschen, mit denen man handelt, die ab und zu in die Stadt kommen, um sich »Ware anzusehen« oder sonst was. Sie sind ihrerseits »Geschäftsleute«, auch so ein Wort, ein Typus, und immer Männer natürlich. Für meinen Vater, der Handelskaufmann ist, bedeutete das: Alle paar Wochen kamen ein paar Schweden, Amerikaner oder Finnen zu Besuch, die dann völlig außer Rand und Band waren und abends unbedingt auf die Hamburger Reeperbahn wollten. Er musste also die Finnen ins *Salambo* führen, eine Bar mit Sex-Show in der Großen Freiheit. Erst kam der Vollsuff, dann wollten die Kollegen in den Puff, ganz am Schluss erbrachen sie auf der Straße. Dieses hemdsärmelige Geschäftsleben der Achtziger, als in jedem Büro irgendwo ein leerer Aktenordner mit einem dahinter versteckten Schnaps im Regal stand, klingt manchmal ganz witzig. In dem brillanten Roman *Morbus fonticuli* von Frank Schulz etwa oder auch in der BBC-Serie *Life on Mars*. Aber ernsthaft dabei sein will man doch eher nicht, und mein Vater hatte auch schon nach dem zweiten Mal keine Lust mehr dazu.

Goethe hat mal geschrieben, von seinem Vater habe er den Tätigkeitsgeist geerbt, von seiner Mutter aber Herzlichkeit und Humor. Was für ein albernes Klischee, schon damals. Papa ist der Büromensch, Mama nicht, aber dafür hat sie ja so viel Humor!

Wenn die Grübelväter nun Grübelbücher schreiben, dann bekämpfen sie Klischee Nummer eins (»alles ändert sich heute so schnell, die Welt ist beschleunigt«) mit Klischee Nummer zwei (»Kinder sind etwas Echtes, Beständiges«). Dabei zeigt das alles nur eins: Man stammt vom Affen ab, man ist Primat, man will sich vermehren! So eine einfache Entdeckung, und so eine schöne. Das verbindet alle Generationen.

Eltern und Schwiegereltern
Thomas und Julia

Wenn unsere Eltern Großeltern werden, drehen sie durch. Würden wir vielleicht auch. Unsere Eltern sind Nachkriegskinder, eine in vielem bewundernswerte Altersgruppe, die sich alles erkämpfen musste – vom Wohlstand bis hin zu einem eigenen Denken. Nur manchmal stößt das an Grenzen. Etwa beim Thema Kinderbetreuung. »Warum habt ihr überhaupt Kinder bekommen, wenn die schon mit anderthalb in die Kita sollen?«, hört man dann – in dieser Schärfe natürlich nur, wenn die Diskussion sich wieder einmal erhitzt hat. Also bloß jedes zweite Mal, wenn wir miteinander sprechen ...

Sie meinen es nur gut, und sie vergleichen uns mit sich, mit früher. Damals gab es zwar nicht so viele Selbstverwirklichungsmodelle, dafür war einiges aber auch einfacher mit Kindern. In mancher Hinsicht stehen Eltern heute unter viel höherem Druck: Die Öffentlichkeit hilft nicht mehr so viel mit, vor keinem Geschäft kann man seinen Kinderwagen stehen lassen. Ohne die Unterstützung von Eltern und Schwiegereltern – vom geschenkten Fahrrad bis zur Kinderbetreuung für einen kleinen Urlaub als Paar – hätten wir vieles überhaupt nicht geschafft. Wir lieben sie alle! Wenn sie nur ab und zu mal die Klappe halten würden!

Julia Meine Schwiegereltern sind tolle Großeltern. Das Problem ist nur, sie leben vierhundert Kilometer von uns entfernt. Ihre Enkel würden sie ja nie zu Gesicht bekommen, beschwert meine Schwiegermutter sich am Telefon. Dabei ist das überhaupt nicht so. Im Gegenteil. Pfingsten, Ostern, ein Sonderangebot bei der Bahn, Haushaltswarenmesse ... alles nehmen die frischgebackenen Großeltern zum Anlass für einen Besuch. Oma traut sich nicht, einfach zu sagen, dass sie Sehnsucht nach dem Kleinen hat. Stattdessen behauptet sie: »Opa hatte die Idee.« Und Opa schweigt.

Thomas Vor allem unsere Mütter nehmen ihre Großelternpflichten sehr ernst, manchmal zu ernst. Das merkt man nicht nur an den regelmäßigen Anrufen, in denen sie uns neueste Erkenntnisse über Babypflege oder Ernährungstipps meinen mitteilen zu müssen. Zeitungsausschnitte, in denen es um Mangelernährung, Gefahren auf dem Spielplatz oder neuartige Funktionskleidung fürs Kind geht, trudeln ein. Wenn die Schwiegermutter da ist, wird der Kühlschrank, der normalerweise viel Tofu, Käse und Gemüse enthält, heimlich in ein Wurst- und Puddinglager umgebaut.

Geschenkt habe ich meinen Kindern fast noch nichts Größeres, außer einer roten Minigitarre für meinen Großen, denn immer waren die Omas schneller. Ginge es nach den Omas, hätten wir Knieschützer, Schuhschoner, doppellagige Vliesmützen für die Kinder, und sie wären immer von oben bis unten mit Nivea eingecremt. Das alles ist natürlich lieb gemeint. Aus dem Dauerfeuer hören wir nur dummerweise den Vorwurf heraus: Ihr macht es nicht richtig, und wir wissen's besser.

Wir sind empfindlich geworden. Wenn wir Kinder bekommen, denken wir: Geschafft, das ist die endgültige Emanzipation, das Ende unserer eigenen Kindheit. Ab jetzt werden wir unseren Eltern auf Augenhöhe als autonome Erwachsene begegnen und sie ganz neu kennenlernen, als wären es Freunde. Klingt schön, klappt aber nicht. Denn plötzlich wollen sie uns wieder erzählen, wie alles läuft. Als ich meine Mutter darauf anspreche, fällt ihr Folgendes ein: Im Fernsehen habe sie gerade einen Report über einen achtzigjährigen Mann gesehen, der immer noch von seiner hundertjährigen Mama umsorgt werde. »Ihr bleibt eben immer unsere Kinder!« Thema beendet, respektvoller Kontakt unter Gleichberechtigten gescheitert.

Wäre ich kinderlos, würde ich mit meinen Eltern einmal im Halbjahr ins Nobelrestaurant gehen, dann an der Bar noch einen trinken und am Ende draußen heimlich einen Joint mit ihnen rauchen. So aber muss man an der Beziehung zu den eigenen Eltern arbeiten, arbeiten, arbeiten. Als hätten wir nicht schon genug miteinander und mit unseren Kindern zu tun.

Kein Zweifel: Wir müssen uns wohl auch bewegen. Als ich mit meinem Freund Theo, der ja fast so alt ist wie meine Eltern, und ein paar Bekannten meiner eigenen Altersgruppe in einer Kneipe sitze, kommt es zu einem kleinen Eklat zwischen den Generationen. Denn Birte ist total sauer und aufgelöst: Ihre Mutter verlässt ihren Vater und zieht mit einer Frau zusammen. Birte lässt ihrer Wut freien Lauf. »Mit einer Frau! Mit sechzig! Was soll das, und überhaupt, sie hat mir nie etwas davon gesagt!« Plötzlich platzt Theo der Kragen: »Mama ist jetzt lesbisch, na und?« Wir sollten gefälligst lernen, dass unsere Eltern eigenständige Menschen sind, auch mit sechzig, und wir sollten sie in Ruhe lassen – genau wie wir es immer für uns selbst fordern. Birte zieht beleidigt ab. Aber Theo könnte recht haben. Wenn, wie Simone de Beauvoir sagt, Altwerden eben nur alt macht und nicht weise oder sonst etwas, werden auch wir mit sechzig noch dieselben unvollkommenen, geilen Chaoten sein wie heute. Dann will ich auch nicht, dass mein Sohn mich auf eine Bilderbuch-Patriarchenrolle festnagelt.

Julia Wir sitzen in einem Restaurant an der Nordsee, und ich bin einfach nur die Partnerin des Sohnes. Das soll sich gleich ändern, für immer. Als ich ihnen zur Vorspeise eröffne, ich sei schwanger, lassen meine Schwiegereltern vor Freude alle Hemmungen fallen. Das erste Enkelkind ist unterwegs! Sofort gibt es nur noch ein Thema: welches Kinderbettchen empfehlenswert sei und welche Breisorte die beste. Wo wir zu entbinden gedächten, fragen sie, und ob ich schon Gymnastik mache. Ob ich mich ausreichend schone und genug Folsäure zu mir nähme. Und als mein Mann laut überlegt: »Och, vielleicht bleibe ich ja nach der Geburt zu Hause, und meine Frau geht arbeiten«, da ruft Schwiegermama fassungslos: »Bist du verrückt? Du bist doch so ein intelligenter Junge!« Dass ich vielleicht genauso intelligent bin, ist jetzt sekundär.

Dabei erzählt sie oft, wie schlimm bei ihr früher alles war. Ihr eigener Mann, mein Schwiegerpapa, war ständig beruflich unterwegs. Und sie saß mit den Kindern allein zu Hause, mitten auf dem Land, ohne Auto. Im Winter packte sie manchmal die Kleinen auf einen alten Holzschlitten und machte so den Großeinkauf. Kaum Kontakte, nur ihre Schwiegereltern schneiten regelmäßig herein und fragten, ob noch ein Teller Suppe übrig sei. Und dann war da noch ihr Vater, um den selbstverständlich sie sich kümmerte, als er ein Pflegefall wurde – »ich hatte ja Zeit!«. Als ihre Kinder neun Jahre alt waren, ist sie überhaupt das erste Mal wieder abends allein ausgegangen. »Als Frau hast du dich da einfach aufgegeben«, sagte sie sogar einmal. Die Generation unserer Mütter lebt voll in dieser Ambivalenz: Sie fragen sich rückblickend oft, wie sie das alles eigentlich geschafft haben und warum sie nicht öfter mal den Mund aufgemacht haben, aber erst heute schaffen sie es, sich einmal ordentlich auf die Schultern zu klopfen für ihre Leistung.

Doch wenn dann ein Enkelkind unterwegs ist, scheint ein seltsamer Mechanismus einzusetzen. Die harten Zeiten – vorbei, vorbei! Auf in den Kampf, von nun an wird alles darangesetzt, die

Kindeskinder durchzubringen! Das ist natürlich bewundernswert. Schwierig finden wir nur, dass alles genauso laufen soll wie ehedem. Dass sich im Laufe von dreißig Jahren vieles geändert hat, auch die Rollenbilder, fanden die Großmütter ja eigentlich toll, doch plötzlich wollen sie nichts mehr davon wissen.

Thomas Eltern und Schwiegereltern sind psychologische Genies. Sie sagen nichts direkt, sondern vermitteln uns ihre Ängste und Befürchtungen durch die Blume. Wenn sie Leo eine Mütze schenken, heißt das: Ihr zieht euer Kind zu dünn an. Kocht Oma bei einem Besuch an drei aufeinanderfolgenden Tagen Fleisch, so bedeutet das: Der Kleine braucht mal was Ordentliches, nicht nur Grünzeug. Gern werden bei geringsten Anlässen, einem Niesen oder etwas Bauchzwicken beispielsweise, pathologische Vergleiche gezogen: »Bitte geht zum Arzt und lasst das untersuchen. Denk dran, du hast früher auch einen empfindlichen Magen gehabt.« Was mir völlig neu ist.

Julia Dem jungen Vater, meinem Mann, wird nun Zunder gemacht, damit er auch ein guter Vater ist und seine Familie standesgemäß unterhalten kann. Das geschieht in Einzelgesprächen zwischen ihm und Schwiegerpapa, die immer mit dem Satz beginnen: »Also, du mit deiner halben Stelle, wo soll das eigentlich mal hinführen?«

Inzwischen weist mich meine Schwiegermama in die häuslichen Pflichten ein. Merke: Die Mutter ist die wichtigste Bezugsperson für ihr Kind, qua natura.

Während die Schwiegermutter mir bei der Wäsche zur Hand geht, schwärmt sie von knitterfreien Bettbezügen, dabei haben wir noch nicht einmal ein Bügelbrett.

Mittlerweile versteckt sich Schwiegerpapa hinter der Zeitung, unbeeindruckt vom Gewusel der Frauen. »Ich finde es toll, dass

Frauen heute arbeiten, das hätte ich auch gern getan«, sagt seine Frau verträumt. Und dann ruft sie mich herbei, sie will mir mal zeigen, wie man Hemden richtig zusammenlegt.

Ächz. Ob ich mir jetzt schon einen Whisky genehmigen sollte? Verstohlen schiele ich zum Spirituosenregal rüber. Ausgeschlossen! Man muss den Stammesälteren beweisen, dass man die Situation voll im Griff hat. Sonst, denke ich in meiner Panik, droht die feindliche Übernahme: Entzug des Sorgerechts, das Kind geht zu den Schwiegereltern, aus. Leben ruiniert. Und wenn du deinen Sprössling irgendwann wiedersiehst, ist er schon achtzehn, spricht eine Oktave tiefer, trägt Polohemden – und kennt dich nicht mehr.

Als mein Mann mal einige Tage allein mit Leo auf Großelternbesuch gewesen ist, äußert Schwiegermama hinterher den vielsagenden Satz: »Weißt du, dein Mann ist eine richtig gute ... Mutter.« Ich überlege. Dann antworte ich freundlich: »Du kannst ruhig Vater sagen.«

Thomas Ich habe ja, seit ich Vater bin, eine halbe Stelle und widme mich nur in jeder zweiten Woche komplett der Arbeit bei der Zeitung. Aber trotzdem, es ist wie verhext: *Immer* wenn ich beruflich wirklich zu tun habe, wenn ich zu einem Interview unterwegs bin oder mit dem Chef mittagessen will, klingelt das Telefon, und ich höre den Radetzky-Marsch. Und das heißt: Mama ruft an! An meinem Telefon kann man bestimmten Anrufern eigene Klingeltöne geben, normalerweise mache ich das natürlich nicht, nur meiner Mutter habe ich etwas Zackiges zugewiesen. So bin ich gleich vorgewarnt.

Gehorsam gehe ich ans Telefon. Ohne große Umschweife kommt sie zur Sache: »Die Kinder sind wohl wieder im Gulag?« Sie meint die Kindertagesstätte, in die wir unsere Söhne schicken. Und fügt noch hinzu: »Die Frauen von heute halten nichts mehr aus.« In der allerersten Sekunde freue ich mich, dass ich als Vater nicht in der Schusslinie stehe, dann ärgert es mich doch. Immer trifft's derzeit die Frauen, und wie man sieht, machen sie sich sogar gegenseitig fertig. Das hat Eva Herman vorgemacht.

Julia Praktisch alle unsere Freunde und Bekannten machen ähnliche Erfahrungen. Antje erzählt von »der Sache mit der Puppe«, ihrem ganz persönlichen Nachgeburtstrauma. Ihre Tochter ist kaum auf der Welt, da bringt ihre Schwiegermutter der Kleinen schon eine Puppe mit, eine richtige traditionelle, mit Kleidchen und Klapperaugen und allem Drum und Dran. Nun aber hatte Antje sich ihr Leben lang an einer Vorstellung festgehalten: Eine Mutter schenkt ihrer Tochter die erste Puppe. Zu einem besonderen Anlass, sagen wir dem ersten Geburtstag.

Und meine Freundin Annika steht kürzlich gerade in der Küche beim Abwasch, als sie hört, wie ihre Schwiegermutter für den Enkel die Bilder von den Flurwänden schießt, weil der dann so herzlich lacht. Sie wirft dazu einen großen Schaumstoffball. Annika tritt entsetzt in den Flur. Rumms! Der Vogel auf dem Kirschzweig, ihre Lieblingsgrafik, baumelt nur noch an einem Haken. Als die Schwiegermutter Annikas entnervtes Gesicht sieht, ruft sie dem Kleinen vergnügt zu: »Ich weiß, das hat deine Mama gar nicht gerne, was?« Und macht unverzagt weiter. Annika zieht sich mit hochrotem Kopf die Jacke an, wirft die Haustür hinter sich zu und fährt direkt zu ihrem Therapeuten. Man muss der Realität ins Auge blicken: Die Putschisten haben den Präsidenten abgesetzt und die Macht in der Hauptstadt übernommen. Auf den Straßen herrschen chaotische Zustände.

Thomas Fabian erzählte mir letztens lapidar: »Zwischen meiner Mutter und meiner Frau herrscht Krieg.« Kürzlich erst habe seine Mutter angerufen und das Neueste verkündet: »Studien haben erwiesen, dass Babybrei aus dem Glas wesentlich gesünder ist als selbstgemachter.« Die Schwiegertochter will sich natürlich nicht auf diese Weise bevormunden lassen und kocht jetzt immer extra viel Möhrengemüse ein.

Die Mutter von Ralph ruft immer mit Rufnummer-Unterdrückung an, hinterlässt aber nie eine Nachricht. Abends irgendwann erreicht sie ihren Sohn und beschwert sich: »Wieso meldest du dich denn nie?« Dass er aus beruflichen Gründen grundsätzlich nicht rangeht, wenn jemand die Nummer unterdrückt, interessiert sie nicht. Die beiden verabreden sich für den nächsten Tag, wenn der Kleine in der Kita ist. Ach so, die Kita. Als sie am nächsten Tag aus dem Auto steigt, eröffnet sie grußlos das Feuer: »Wenn ihr damals unser Haus übernommen hättet und ich eine Wohnung genommen hätte in der Nähe, dann hätte dein Sohn doch auch nicht so früh in die Kita kommen müssen, oder?« Hätte? Müssen? Ralph schwirrt der Kopf.

Da gibt es nur eins: die Informationen sparsam dosieren. Auch wenn wir sie lieben und gern mal einen Ratschlag akzeptieren, denn immerhin haben uns unsere Eltern ja auch groß gekriegt. Aber manchmal muss man auch ein bisschen in Deckung gehen vor den Alten. Das wissen unsere Eltern doch am besten.

Julia Meine Mutter war durch die Kindererziehung irgendwann so ausgezehrt, dass sie sich einen Urlaub nach Rom gönnen wollte. Leider machte sie den Fehler, es den Omas zu erzählen, und was taten die? Fuhren einfach mit! Rom wollten sie auch schon lange mal sehen.

Thomas Ich selbst erinnere mich noch daran, wie ich etwa zehn war und Papas Mutter täglich bei uns klingelte. Oma war langweilig, und sie wohnte in der Nähe. Dann saß sie den ganzen Nachmittag auf unserem Sofa, knabberte Salzstangen und wollte unterhalten werden. Meine Mutter hat das alles im Wesentlichen mitgemacht. Nur manchmal, wenn sie einfach nicht mehr konnte und es wieder klingelte, mussten wir Kinder uns wie im Krieg auf den Teppichboden werfen, mussten still sein und so tun, als wäre niemand zu Hause. Bis die Luft wieder rein war. Auch wenn sie es manchmal vergessen: Es war bei unseren Eltern nicht alles so anders, damals.

IV Trotzdem
Es gibt ein richtiges Leben im falschen

Päft! Papa wird Dadaist *Thomas*

Als strenger Pädagoge eigne ich mich wahrscheinlich nicht so gut. Ich komme nämlich selten auf die Idee, die kleinen sprachlichen Fehler meines Sohnes zu korrigieren. Sie sind einfach zu schön.

Als Leo knapp zwei Jahre alt ist und ich mich zum Rausgehen fertigmache, schreit er plötzlich begeistert: »Papa Ribbe auf!« Ich hatte mir gerade meine Sonnenbrille aufgesetzt.

Ich knie mich hin zu ihm und sage: »Das ist eine B-r-i-l-l-e, mein Süßer.«

»Ribbe!«

»Nee nee, das heißt Brille.«

»Ribbe!«

Ich gebe mich geschlagen: »Ribbe, na gut.«

Also bleiben wir dabei. An dem Wort freue ich mich noch lange, auch als Leo mit einem Zwischenhalt bei »Brillre« schließlich das richtige Wort »Brille« gelernt hat. Ebenso schön sind die Liedchen, die er trällert: »Hänsel und Gretel verliefen sich im Wald. Sie kamen an ein Häuschen von Pfefferkuchenlein, wer mag der Werwolf von diesem Haus wohl sein?« Rührend ist es sowieso schon, dass so ein kleiner Mensch in einer Sprache vor sich hin singt, die wir gar nicht mehr benutzen (»Sie stellte sich gar freundlich, o Hänsel welche Not!«). Dann kommt mit den falsch gehörten Wörtern noch das schöne Durcheinander des Sinns dazu. Das ist das Befreiende am Dadaismus, auch wenn der Name leider nicht auf den Kinderlaut zurückgeht: dass er unseren bürokratischen Umgang mit der Welt auflöst und dem Gelächter preisgibt.

Nach und nach haben meine Frau und ich ein paar besonders schöne Wortschöpfungen in unseren Sprachgebrauch einfließen lassen. »Oku« zum Beispiel – das ist kürzer und knackiger als »Joghurt«, weshalb es auch immer so auf dem Einkaufszettel steht.

Ich unterscheide inzwischen vier Formen der freiwilligen Infantilisierung. Zunächst gibt es den grammatisch zerklüfteten, etwas übertrieben freizügigen Umgang mit früheren Tabuthemen. Wenn es etwa im Raum schlecht riecht und einer dem anderen vorwirft »Du hast gepuft!«. Zu der Fäkalverniedlichung kommt zweitens die Zurückdrängung irregulärer Formen (»Ich habe heute schlecht geslaft«) sowie, drittens, die formelhafte Verengung für Abläufe aller Art. So hat unser Sohn einen Zoobesuch mit seinem Onkel bei seiner Rückkehr knapp zusammengefasst: »Ham wir Eis gegessen und Boot gefahren, Tiere warn schon slafen hat die Frau gesagt, und dann nach Hause nach Hause nach Hause!« Wenn wir unsere Putzhilfe, den netten Thailänder, alle paar Wochen anrufen wollen, sagen wir es, wie Leo es einmal beschrieb: »Putzen sauber – Mann wieder weg!« Die vierte und letzte Form der freiwilligen Sprachverwirrung ist der lautliche Blödsinn. »Da musst du mal snell machen«, sagt meine Frau zu mir und meint, dass ich mich beeilen muss, weil der Supermarkt gleich zumacht.

Irgendwann wird mir klar, dass ich noch ein erstaunliches Phänomen beobachten darf. Für meinen Kleinen gibt es ein Wunderwort, nämlich das universell fungible Betonungswerkzeug, semantisch völlig frei und für alles einsetzbar. Es heißt »Päft!« Immer wenn er Lust hat, ruft er es einfach mal. Ich bin begeistert. So etwas fehlt der deutschen Sprache doch völlig. Wenn wir Erwachsenen etwas laut ausrufen, dann ist es ja meist ein abgedroschener Fluch.

Mitten beim Spielen fragt Leo mich also, ob wir mal im Schlafzimmer »päft« sagen wollen. Natürlich bin ich dabei. Wir gehen zur Tür des leeren Zimmers, machen auf, springen rein, sagen mit Nachdruck »Päft!«. Große Freude und ausgiebiges Gelächter beim Kleinen. Diese Kraft des Wortes erlebt man später im Leben nie wieder. Was hätte Heidegger dazu wohl gesagt!

Das dicke Ende deutet sich schon an: Ich benutze diese Unsinnsworte inzwischen wie meine eigenen. Die Menschen in meiner Umgebung sind toleranter, als man denkt, und verziehen keine Miene. Im Frühsommer begebe ich mich mit meiner Sonnenbrille in eine Filiale der bekannten Monopolisten-Optikerkette und bitte dort die Dame, mir mit ihrer Ultraschall-Bizzelmaschine meine »Ribbe« sauber zu machen. Als mein Chef mit mir den mäßig gelungenen Artikel einer neuen freien Autorin besprechen will und ich irgendwann in einem kleinen Ausbruch sage: »Das ist doch alles Pipi Kacka!«, sieht er mich etwas mitleidig an. Wahrscheinlich macht er sich jetzt innerlich eine Notiz: »Lindemann leider vollständig regrediert.« Egal, den Kopf wird's nicht kosten.

Einer meiner Bandgenossen hat für seine Tochter einen Kanon mit ihren liebsten Quatschwörtern geschrieben. Der geht so:
Hi-Auge gloppe zoil rö-ha!
Desse Hahne, desse, desse kluge.
Gloppe zoil! Glo-ho-pe zoil!

Den singen wir nun manchmal zusammen, vier erwachsene Männer, die in einem Probenraum stehen. Ich glaube, er hat das Zeug zum Pop-Hit. Aber wenn ich Leo, inzwischen fast vier, mit so einem Schmarrn komme, dann sagt der nur noch kühl: »Gloppe zoil? Was ist das denn, so ein Wort gibt's doch gar nicht.« Das ist wohl schon ein Vorgeschmack auf die Teenagerjahre, wenn die Eltern das Allerletzte für ihn sein werden. Spaß gemacht hat es trotzdem.

Warum mein Sohn den Müllmann liebt
Julia

Als ich klein war, wollte ich entweder Schauspielerin, Schriftstellerin oder Tierfilmerin werden. Je nach Laune favorisierte ich mal das eine, mal das andere. Natürlich habe ich mir mit sechs Jahren noch keinerlei Gedanken gemacht, ob und wie das zu verwirklichen wäre. Ich hatte einfach Lust darauf. Ich war vollkommen frei.

Später, nach der Schule, kriegt man Angst, Zukunftsangst, und schränkt seine Wünsche, soweit man sich überhaupt noch an sie erinnert, immer mehr ein. Sie schrumpfen, bis nichts mehr davon übrig ist oder bis man auf einem einigermaßen sicher erscheinenden Berufszweig gelandet ist. In meinem Abiturjahrgang haben sich von hundertzehn Leuten circa siebzig für ein Medizin-, BWL- oder Jurastudium entschieden. Die eher künstlerisch Veranlagten wählten Germanistik, ein paar wenige machten eine Lehre. Künstler oder Erfinder ist meines Wissens keiner geworden. »Eventmanager« ist wohl das Verrückteste, was der Durchschnitt sich so vorstellen konnte. Traurig, traurig: Menschen, die als Kinder nichts sehnlicher wollten, als Zoowärter, Tänzer, Feuerwehrmann, Musikerin oder Töpferin zu werden, lassen sich immer mehr den Schneid abkaufen und stürzen sich schließlich auf vermeintlich zukunftsträchtige Berufe. Obwohl wir doch wissen, dass auch die gerade angesagten Berufe Moden unterliegen. Warum machen wir nicht einfach das, was wir mögen? Wissen wir mit neunzehn Jahren überhaupt, was wir mögen?

Mein Sohn hat zum Beispiel keine Ahnung, was eine Controllerin ist oder ein Manager. Das ist nicht verwunderlich. Erstens verstehe sogar ich bisweilen nicht, was diese Leute eigentlich machen, und zweitens geben sie sich im Alltag nicht als solche zu erkennen. Im Gegensatz zum Müllmann, dem Mann, der das Besenauto fährt, der Gärtnerin, dem Bäcker, dem Bauarbeiter, der Kinderärztin, dem Zugschaffner oder der Erzieherin in der Kita. Interessanterweise unterscheidet Leo auch nicht zwingend zwischen Beruf und Privatperson. Er sieht nur, was die Leute tun, wenn sie groß sind. Etwa die Alkis vom nahegelegenen Spielplatz: Die sitzen am Nachmittag einfach nur herum und trinken Bier und reden. »Wenn ich zu Ende gewachsen bin, dann darf ich auch Bier trinken«, sagt Leo und deutet bewundernd auf die Männerrunde.

Seit ich Kinder habe, erlebe ich eine ganz neue Wertschätzung für die Menschen, die auf der Straße oder im Laden um die Ecke arbeiten. Die den Mist wegräumen, den wir achtlos liegen lassen, die sich darum kümmern, dass das Loch im Gehweg zugeschüttet wird, die den Kindern eine Scheibe Wurst oder ein Kokosmakrönchen schenken. Meistens sind diese Leute unheimlich kinderlieb. Was bleibt ihnen auch übrig, wenn zwei große Kulleraugen sie bewundernd fixieren, gefolgt von der Frage: »Mama, was macht der Mann da?« Dann folgen stets umständliche Erklärungen meinerseits, geradebrechte Erläuterungen, warum eine mir völlig unbekannte Maschine (ein Generator?) gerade brummt und warum die Männer Sand und Wasser in den aufgerissenen Boden kippen.

Ich glaube, Kinder sind wirklich die einzigen Menschen, die die Arbeit dieser Leute lautstark würdigen. Der Vorstandsvorsitzende eines großen Konzerns, der unter uns Erwachsenen auf der Beliebtheitsskala zurzeit auch nicht gerade ganz oben rangiert, ist ein Gegenbeispiel: Er mag zwar auf seinen Milliönchen sitzen und einen Porsche im Carport haben, bekommt aber sicherlich in seiner ganzen Karriere nicht ein einziges Kinderlob ab. Denn er arbeitet im Verborgenen und tut Dinge, die keinem Kind vernünftig zu erklären sind. Umsatzsteigerung? Profitmaximierung? Damit sind keine kleinen Herzen zu gewinnen.

Einmal habe ich beobachtet, wie sich ein Polizist gemächlich dem Spielplatz näherte. Schon fragte ich mich, was wohl passiert sein mag, ob ein Kind verloren gegangen ist oder eine Geldbörse entwendet wurde. Aber nein: Der Mann blieb stehen, lehnte sich über den Zaun, guckte dem nachmittäglichen Treiben zu und sonnte sich einfach nur in der Bewunderung der Kleinen. Die kamen nämlich erst zögerlich, dann zahlreich, und taten nichts anderes, als diesen Polizisten bestaunen, wie er da so lässig lehnte und sich seine grüne Schirmmütze aus der Stirn schob.

Es knallt und funkt

Kleine Kinder sind, wenn man sie lässt, völlig vorurteilsfrei. Sie unterscheiden nicht zwischen »angesehenen« Tätigkeiten und einfachen Brotjobs. Sie gucken nur, was eine Person da tut, und das ist eigentlich immer interessant, solange ordentlich was bewegt wird oder jemand Bauhelm oder Uniform trägt. Kinder wollen sehen, dass es knallt und funkt. Und sie wollen verstehen, dass das irgendwas mit ihnen, mit ihrem Leben zu tun hat. »Guck mal«, sage ich. »Der Mann schüttet das Loch im Gehweg zu, damit wir nicht stolpern. Ist doch praktisch, nicht?« Oder, mit zugehaltener Nase: »Die Leute haben da einen Schlauch in den Boden gesteckt, weil die Rohre unter der Erde verstopft sind. Gleich riecht's auch nicht mehr.« Gestank und Lärm schrecken das Kind aber nicht ab.

Schreibtischarbeit finden sie dagegen nicht sehr aussagekräftig. »Gehst du zur Arbeit?«, fragt mich Leo eines Morgens und schiebt fordernd hinterher: »Ich will mit zur Arbeit.« »Ich arbeite zu Hause«, antworte ich. »Ich schreibe ein Buch, mit Papa.«

Keine weiteren Fragen. Langweilig! Was ist schon ein Haufen Papier und ein aufgeklapptes Laptop gegen einen Löffelbagger, der mit lautem Getöse seine Schaufel in die Erde rammt!

Der Weg zur Kita gleicht manchmal einem Spießrutenlauf. Etwa, wenn wir montags spät dran sind, ich aber schon ahne, dass gleich das orangefarbene Müllauto um die Ecke biegt. Dann nämlich werden wir uns mit Sicherheit noch mehr verspäten. Wenn ich nicht auf geschickt gewählte Nebenrouten umleite, wird der Kleine stehen bleiben, bis die letzte Mülltonne geleert und das Auto weitergefahren ist. Manchmal spricht auch einer der Arbeiter meinen Sohn an und fragt, ob er mal den Hebel bedienen möchte, der dafür sorgt, dass die Tonne nach oben gehievt wird. Den ganzen Vormittag wird Leo in der Kita stolz davon erzählen, wie der Müllmann ihn beherzt gepackt und zum Auto hochgehoben hat.

Ich frage bei der Stadtreinigung an, ob sie einen Tag der offenen Tür veranstalten. Denn wir möchten mit Leo, dessen Begeisterung keine Grenzen kennt, einmal Müllautos gucken kommen und sehen, wie das so zugeht in Deutschland morgens um sieben. Der Pressesprecher antwortet: »Leider führen wir in diesem Jahr keinen Tag der offenen Tür durch. Gerne sind wir aber bereit, unserem größten Fan, ihrem Sohn, einen exklusiven Einblick zu gewähren. Lassen Sie uns hierzu einen Termin vereinbaren.«

Und so stehen wir eines Morgens in aller Herrgottsfrühe Herrn Rauhut von der Stadtreinigung gegenüber, einem freundlichen Mann mit Schnurrbart und orangefarbener Kapuzenjacke. Erst begrüßt er unseren Sohn mit Handschlag, was der sehr cool findet, dann lässt er mit einem Fingerschnippen einen der riesigen Müllwagen anfahren, der bereits extra für den Kleinen bereitgestellt worden ist. Leo ist so fassungslos, dass er sich erst mal hinter meinem Bein versteckt. Denn jetzt öffnen sich die Türen, die größer sind als die im Bus, nur für ihn, und er darf einsteigen und mit dem Kollegen im Blaumann eine Ehrenrunde über den Recyclinghof drehen. Erst hat Leo ein bisschen Angst und will am liebsten das Weite suchen, denn das Führerhäuschen, in dem er sitzt, schwebt so hoch über dem Boden. Doch nach der zweiten Runde um die zu Kolonnen aufgereihten Tonnen und Container will er schon gar nicht mehr aussteigen. Dann bekommt er von Herrn Rauhut ein Paar echte Müllmannhandschuhe überreicht, blütenweiß sind sie, und riesengroß, wie alles hier. Gemeinsam mit den Männern von der Müllabfuhr darf Leo Tonnen heranschaffen, per Hebeldruck in den Wagen entleeren und wieder wegrollen. »Hilf mir mal«, sagt einer, »alleine schaffe ich das nicht.« Und Leo schiebt und zieht, was das Zeug hält. »Die Jungs hier lieben ihren Job«, sagt Herr Rauhut zum Abschied. »Immer die vielen Kinder, die an der Straße stehen bleiben und gucken. Das ist schon toll.« Und: »Vielleicht sehen wir uns irgendwann einmal wieder.« Es rieselt mir heiß und kalt den Rücken herunter. Aus einem kurzen Besuch ist plötzlich etwas ganz Großes geworden.

Kinder, die mobile Party   *Thomas*

Als Teenager hatte ich eine Art Hippie-Sehnsucht. Ich wollte unter bunten, lässigen Freaks sein. Nur dass es, als ich volljährig wurde, das Modell plötzlich nicht mehr gab. Die alternativen Cafés an den Unis machten zu oder wurden muffig und öde, und meine Freunde arbeiteten nur noch an ihrer Karriere. Wie kann man mit Leuten philosophieren und schrille Zukunftspläne schmieden, wenn sie nach dem Abi sofort ins Ausland gehen und sogar in den Semesterferien immer drei Praktika machen? Sollte mein Traum hier ein jähes Ende finden? Ja. Zunächst jedenfalls. Jedoch, die Wege des Herrn sind unergründlich, und so hat mir das Leben jetzt verspätet doch noch zwei Hippies geschickt. Sie reichen mir zwar nicht einmal bis zum Gürtel, haben aber viel Energie und immer viele bunte Sachen um sich herum.

Bei uns in der Wohnung sieht es heute genauso aus, wie ich mir ausgeflippte WGs immer vorgestellt habe. Unfreiwillig natürlich. Ich erinnere mich noch gut, wie mein Freund Theo, der Veteran der Siebziger, mir Anekdoten aus dem Leben der Freaks und Gammler erzählte. Wir kamen darauf, als er mal zu Besuch kam, ich kein Weinglas für ihn hatte und ihm eine Teetasse für seinen Rioja anbieten musste. Na und? »Damals in den WGs und Kommunen habe ich gelernt, meinen Rotwein aus allem zu trinken, was nur halbwegs schalenartig geformt ist«, meinte er bloß.

Unsere Wohnung hat sich verwandelt. Im Wohnzimmer tanzen zwei nackte Typen (meine Söhne) und werfen sich immer wieder lachend vom Sofa auf eine Matratze. Zwischen Kissen,

Kekskrümeln und Spielzeug döst die Frau komatös (okay, das kommt nicht von Drogen, sondern einfach von der irren Müdigkeit – sieht im Resultat aber gleich aus). Und ich stehe in der Küche, der Rumpelkammer all dessen, was wir nicht wegzuräumen schaffen, und suche dort einen sauberen Kochtopf.

Immer wieder rede ich mir ein: Früher sah es doch in meiner Bude auch nicht so aus, es muss also an *ihnen* liegen.

Es stimmt ja auch: Wo die Kinder sind, herrscht Chaos. Und der Wahnsinn zieht mit, ein großartiges Spektakel. Gern nehme ich zum Beispiel an Kindergarten-Exkursionen teil. Diesmal geht es in die Bibliothek, dort soll den Kindern etwas vorgelesen werden. Während die zehn Dreijährigen der Gruppe konzentriert dahinwandern, schnappe ich mir zwei bei der Hand und höre mir die Geschichten an, die sie mir erzählen. »Weißt du, wir gehen in die Apothek«, sagt der eine. »Nein, in die Biothek«, korrigiert der andere. Ein Mädchen mischt sich ein, guckt mich an und stellt fest: »Mein Papa heißt genauso wie du.« Da unten auf der Kopfhöhe der Kleinen herrschen eigene Gesetze, und ich darf heute durch den Spiegel ins Wunderland treten.

Dann sind wir da. Die Bibliothekarin treibt die Kinder in einen kleinen Raum, alle ziehen die Schuhe aus und setzen sich. Die Vorleserin liest aus einem Kinderbuch vor und wirft gleichzeitig zugehörige Dias an eine Leinwand in dem nun abgedunkelten Raum. Es geht um ein recht patentes Huhn, das sich mit Badetuch und Picknickkorb auf zur Puddinginsel macht. Huhn? Pudding? Die Kleinen finden das super.

Zwischendurch werden Fragen gestellt. Was liegt da in dem Bild auf dem Tisch? Die Kinder grübeln angestrengt und rufen dann laut: »Eine Zitrone!« Mein Sohn schert sich allerdings kaum drum, träumt offenbar von anderen Dingen und hört nicht zu. Das hat er von Papa geerbt, ich bin stolz auf ihn. Dann schiebt er sich zögerlich zu mir herüber und flüstert mir ins Ohr: »Will zu Lilli!« Seine Gedanken kreisen also um ein Mädchen, auch das hat er von Papa geerbt. Ich kann ihm nur den Rat geben, unauffällig zu seiner Freundin rüberzuschleichen, einer lustigen Blondine mit irren Locken, die an der anderen Ecke des Teppichs sitzt. Mein Kleiner robbt also los.

Spider-Man rettet das heiße Huhn

Unterdessen fragt die Vorleserin, was das Huhn wohl tun könnte, das mittlerweile in der Bredouille steckt: Der Sand ist heiß, die Füße brennen. Wie kommt das Huhn trotzdem zum Strand? Alle denken nach, keiner hat eine Idee. Doch dann meldet sich ein hübscher kleiner Halbinder und verkündet: »Spider-Man könnte kommen und mit dem Seil helfen.« Ich bin begeistert. Leider lässt die Vorleserin das nicht gelten. Wahrscheinlich sind Superhelden nicht pädagogisch wertvoll.

Die Fragerei und die Story gehen weiter, der Spidey-Fan schmollt. Mein Sohn ist bei seinem Schwarm angekommen, und die beiden albern ausgelassen herum. Sie lassen sich nach hinten rollen, strecken die Füße in die Luft, rufen »Huuuiiiii« und lachen.

Auch andere Kinder haben Bewegungsdrang entwickelt. In der Mitte des Teppichs dreht sich ein Junge mit Topfschnitt-Frisur um seine eigene Achse, und wenige Zentimeter vor der Leinwand steht ein anderer und starrt gebannt darauf, als wäre sie ein Fernseher.

Der hübsche Junge von vorhin meldet sich noch mal. »Also, also ...«, stottert er nachdenklich und sammelt sich für die Botschaft: »Spider-Man ist der Größte!« Betretenes Schweigen aus der Erzählerecke und dann ein ohrenbetäubendes Krachen – irgendeiner aus der Gruppe hat sich wohl an der Leinwand abgestützt, so einem Ungetüm, wie man es aus Diavorträgen in den Achtzigern kennt, und das sackt nun polternd in sich zusammen.

Einige Kinder weinen, andere klatschen in die Hände. Chaos! Wer bisher noch saß, wuselt jetzt erstaunt durchs Zimmer. Die Vorleserin ist entsetzt aufgesprungen, schließlich hätte da was passieren können. Die Kindergärtnerin ruft Befehle in den Raum, um das Tohuwabohu einzudämmen. Die ersten Bücher fallen aus dem Regal. Mein Sohn und seine Freundin rollen sich kichernd in ein langes Tuch ein, das sie irgendwo gefunden haben. Auf welcher Party hätte man je so viel Anarchie und Lebensfreude gesehen? Ein Gewimmel wie in der Disco, nein, viel besser. Das Licht des Projektors verliert sich im Raum, blendet hier und dort in bunten Farben. Mein Lachen geht im tosenden Lärm unter.

Und dann die Begeisterungsfähigkeit von Kindern. Wenn ich meinem Sohn irgendetwas vorschlage, etwa ins völlig überteuerte Legoland zu gehen, überlegt er kurz und ruft dann: Au ja! Er hat keine Ahnung, was das Legoland ist und was ihn da erwartet. Aber es klingt verheißungsvoll. Er ist begeistert! Wann ging es mir zuletzt so? Nicht wissen, was kommt, wohl aber, dass es wahrscheinlich großartig wird? Ich bin mir sicher, das letzte wirklich so euphorisch erwartete Erlebnis fand statt, als ich selbst ein Kind war.

Die anarchische Spontaneität der Kleinen wirkt ansteckend. Auf einem etwas steifen Empfang fragte ich kürzlich eine flüchtige Bekannte unumwunden, ob ich »mal ein Küsschen bekomme«. Ohne mir viel dabei zu denken, denn so redet man mit den Kindern ja den ganzen Tag lang. Dann spüre ich ihn wieder, den plötzlichen Zuwachs an kindlicher Weisheit. Denn erstens kriege ich einen Blick für falsche Freunde: Ein spießiger Kollege, der permanent schlecht gelaunt ist, erregt sich wortreich über mein »eigenartiges Verhalten«. Na und? Zweitens: Es klappt, natürlich bekomme ich das Küsschen.

Wir lachen mit

Nachmittags sind wir zu einem Kindergeburtstag eingeladen. Langsam färbt die Stimmung auf uns ab, wir fühlen uns richtig wohl. Die Eltern der kleinen Lou haben auf einer Wiese ein Partytischchen aufgebaut, die Kinder toben in der Nähe herum, und wir stehen dabei, reden, treten immer mal einen Ball weg. Meine Frau sagt: »Zwei der Mütter mögen dich, weil du so oft dabei bist.« Und ich mag die Mütter, tolle Frauen. Vor ein paar Jahren wären wir uns im Club an einer Theke begegnet, da wär's nur viel zu laut zum Reden gewesen. Heute lerne ich sie eben an einem Klapptisch auf der Kinderwiese kennen. Auch gut! Nein: besser!

»Darfst du?«, wird meine Frau von einem Freund gefragt, der gerade die Weißweinflasche in der Hand hält und allen in der Nähe eingießen will. Warum sollte sie nicht dürfen? Schwangerschaft und Stillzeit sind vorbei – es hat sich offenbar nur eingeprägt, dass eine Mutter irgendwie nie darf. Dabei sind wir von der Phase, in der angeblich Rohmilch, Sushi oder Sekt zu meiden sind, längst zu der Phase übergegangen, in der die Kinder dich den Tag über vierzehn Stunden lang für ihre Bediensteten halten und abends nicht ins Bett wollen. »Ob ich darf?«, ruft meine Frau daher zurück. Ihre Augen leuchten. »Ich muss!«

Wie ich meine Familie zur Hölle schicke und dann doch vermisse   *Julia*

Ich will mal wieder allein sein. Wirklich allein. Ohne Mann, ohne Kinder. Ich will schlafen, lesen, in Ruhe essen, nachdenken, zum Fenster rausgucken und in der Nase bohren, mit meinen Freunden ausgehen. Spüren, dass es mich gibt. Der Wunsch wird so übermächtig, dass ich eines Tages im dicksten häuslichen Chaos meinen Mann anbrülle: »Ich wollte, ihr wärt schon weg!« Worauf er wortlos seinen Rucksack und die Kinder packt und den nächsten Zug zu den Großeltern nimmt. Ich sitze im menschenleeren Wohnzimmer und heule wie ein Schlosshund. Ich denke: Blöde Kuh! Dir kann man es nie recht machen! Ich sehe das verwaiste Kinderzimmer, die Spielsachen auf dem Boden, und ich beginne, alles aufzuräumen. Dann ist es gut.

Wellness mit Monsterbrownie

»Hey, eine ganze Woche allein?«, ruft meine Freundin Lene durchs Telefon. »Das ist ja super! Machst du jetzt Wellnessurlaub?« Höre ich recht? Sie meint tatsächlich: in ein Hotel fahren, saunen, Kosmetik, Massage und all den Schnickschnack, den man unter diesem inzwischen inflationär gebrauchten »W«-Wort zusammengefasst hat. Meine Freundin Lene ist ein Greenhorn. Sie hat keine Kinder und kapiert nicht, dass ich jetzt eine ganz andere Form von »Wellness« brauche.

Sind Kinder und Mann aus dem Haus, dann freut man sich erst einmal am Alleinsein. Ergo: Ich werde ausschlafen! Mittags schlafen. Schlafen, wenn es mich einfach so überkommt. Ich werde die Stille genießen und dass mich keiner vollbrüllt. Ich werde es mir gemütlich machen, einen Kaffee trinken und noch einen und die Zeitung von vorne bis hinten durchlesen. Dann: Ausgehen. Seit ich Kinder habe, weiß ich jede Sekunde zu schätzen, die ich in Freiheit genießen kann. Auf wie vielen Partys habe ich mich früher gelangweilt herumgedrückt und überlegt, wie ich jetzt am schnellsten nach Hause komme? Heute weiß ich: Wenn ich ausgehe, werde ich mich bis zum Umfallen amüsieren. Seit ich Kinder und societymäßig ein eingeschränktes Leben habe, gibt es keine schlechten Partys mehr. Jedenfalls nicht da, wo ich bin.

Tag eins: Ich gehe mit einem Buch ins Café. Bestelle Kaffee und einen Monsterbrownie, auf dass die Kalorien in meinem Bauch detonieren mögen. Ich kann's gebrauchen. Dann schlendere ich durch die Straßen und gucke mir Läden an. Auf der anderen Straßenseite sehe ich plötzlich meine Bekannte Sonja mit ihrer kleinen Tochter. Lilli hat offenbar einen Tobsuchtsanfall: Sie schreit und strampelt und weigert sich mit Händen und Füßen, in die Karre einzusteigen. Sonja drückt die Kleine in den Sitz und versucht sie mit Gewalt anzuschnallen. Darauf wird das Schreien nur schriller. Die ersten Passanten drehen sich um, eine alte Frau mit Einkaufstaschen schüttelt den Kopf. Aus dem nahegelegenen Tattoostudio kommen vier langhaarige Kerle in schwarzen T-Shirts und wollen helfen – nicht der Mutter, sondern Lilli, die jetzt wie am Spieß brüllt. Ich rieche förmlich Sonjas Angstschweiß und verdrücke mich schnell in Richtung Park. Ich habe Urlaub und will mit derlei Dingen nichts zu tun haben.

Roter Martini, rote Perücke

Tag zwei: Ich wurschtele gerade in der Küche herum. Zwischen den frisch lackierten Fußnägeln stecken Wattebäusche, deshalb humpele ich ein bisschen. Da klingelt das Telefon. Ich will erst nicht rangehen. Es könnten mein Mann oder die Großeltern sein, die mich dieser Tage meiner Meinung nach etwas zu oft anrufen, um mir mitzuteilen, dass es den Kindern gut geht und dass ich mir keine Sorgen machen soll. Dann hebe ich doch ab. Ralf und John kündigen sich an. Erleichtert nehme ich einen Schluck aus dem Martiniglas. Ralf und John sind ein schwules Pärchen. Ich kenne sie von einem Studentenjob in einer Fotoagentur, den wir vor Jahren gemeinsam gemacht haben. Die beiden kommen für einige Tage in meine Stadt, und sie fragen, ob sie bei mir wohnen dürfen. Klar dürfen sie! Unter einer Bedingung: »Ich mache keinen Haushalt.« Das finden sie komisch und lachen. Für mich ist es aber wichtig, das klargestellt zu haben.

Tag drei: Ich liege auf dem Bett, esse Chips und blättere in einem Modemagazin, das mir John gegeben hat. »Willst du heute Abend mit zu einer Party?«, höre ich ihn vom Sofa aus herüberrufen. »Ein alter Freund von mir feiert irgendwas.« Ich lecke mir die salzigen Finger ab und rappele mich auf. Ein bisschen Bewegung könnte nicht schaden. »Ja, klar«, rufe ich zurück. Als ich gerade unter der Dusche stehe, kommt John rein. Er knabbert an ein paar Salzstangen. »Ist 'ne Mottoparty. Wir sollen uns als Kunstwerke verkleiden«, nuschelt er. »Reich mir mal das Handtuch, Johni«, pruste ich und kneife ein Auge zu. »Ich hab schon eine tolle Idee. Wir gehen als das Bild – ›Who's Afraid of Red, Yellow and Blue?‹ von Barnett Newman. Ich trage meine gelbe Jogginghose. Und du die rote Perücke. Hat Ralf was Blaues?«

Um 22 Uhr laufen wir auf der Party ein und sehen ziemlich bescheuert aus. John trägt tatsächlich meine rote, hinten hochtoupierte Perücke und wackelt mit den Hüften wie eine Diva. Die falsche Mähne streicht er sich im Sekundentakt aus dem Gesicht. Dazu hat er sich den bordeauxfarbenen Anzug meines Mannes ausgesucht, der ihm allerdings etwas zu klein ist. Seine Arme und

Beine ragen affenartig daraus hervor. Ralf erscheint in einem blauen Bademantel und seinen Converse-Turnschuhen, und ich trage zu meiner gelben Sporthose ein Etrohemd mit Blümchenmuster, das ich verwundert aus dem Schrank meines Mannes gezogen habe. Dazu ein bauchnabellanges Goldkettchen, ein Erbstück von meiner Pariser Urgroßtante. Ich habe mir einen Schnurrbart gemalt.

Wir tanzen. Irgendwer legt »Superstition« von Steve Wonder auf. Ich sitze auf einem rosa Sofa und äffe das Bass-Intro mit: »Ä-ä-ä-ä-Ä!-ä-ä-ä very superstitious, writings on the wa-hall!« John hüpft mit einem Sektglas an mir vorbei. Das Schwarze Quadrat von Malewitsch kommt auf mich zu und fängt an, mich abwechselnd auf die rechte und die linke Wange zu küssen. Irgendwann sieht das Quadrat meinen Ehering und sagt: »Du siehst gar nicht aus wie jemand, der verheiratet ist.« Als ich sage, dass ich außerdem zwei Kinder habe, fällt das Quadrat vom Glauben ab. »Du siehst gar nicht aus wie jemand, der Kinder hat.« »Ich hab sie ja auch gut versteckt«, entgegne ich und zwinkere mit den Augen.

Tag vier: Es ist halb elf am Sonntagvormittag, und ich bin noch immer unterwegs. Ralf und John haben sich gegen sieben Uhr abgeseilt. Mit dem Schwarzen Quadrat, das eigentlich Ludger heißt (»Ludger? Du heißt Ludger? Red keinen Unsinn!«), torkele ich durch die fast noch menschenleeren Straßen. Wir haben nach der sehr langen Party noch einige Kneipen durchstreift. Ich habe Hunger. Ich sage: »Ich will jetzt ein Ei im Glas!« Das gibt es aber nirgends, also suchen wir so lange, bis wir vor dem Hotel Vier Jahreszeiten stehen. Wir gucken uns an und gehen durch die Drehtür hinein, dann schnurstracks an die Frühstücksbar, wo wir ausgesucht höflich bedient werden. Wir bekommen einen kleinen Tisch und die Eier. Ich merke, dass ich jetzt unglaublich müde bin. »Ich will nach Hause«, sage ich zu Ludger. Der hat sich mehr vorgestellt und druckst herum, versucht es noch mal mit Küsschen. Als ich aber offensiv vor mich hingähne, ruft er doch ein Taxi, ich setze mich hinein, winke noch mal, murmele »Auf Nimmerwiedersehen!« und lasse mich auf direktem Wege zu meiner Wohnung fahren. Wie einfach in diesem Augenblick alles ist! Hemmungslose Bedürfnisbefriedigung. Handeln ohne Folgen. Keiner stellt dumme Fragen. Und dann noch nicht mal aufstehen müssen. Ich falle in mein Bett und denke mir: Ist das herrlich, mal wieder selbst kindisch sein zu dürfen!

Katerstimmung: Ich bin so einsam

Tag fünf: Ich merke, es ist Zeit, sich mal wieder am Riemen zu reißen. Die Wohnung sieht schlimm aus: überall Staubmäuse und braune Ränder in der Badewanne. Außerdem kommen Mann und Kinder morgen zurück. Ich fange jetzt wirklich an sie zu vermissen. Ralf und John, meine beiden Freunde, sind in der Frühe abgereist. Ich fühle mich allein. Und genieße es plötzlich gar nicht mehr. Ich gehe ins Kinderzimmer und verteile Legobausteine auf dem Fußboden. Ich lege die Lieblings-CD vom Großen, *Ritter Rost*, in die Anlage ein. »Tiief im Fabelwesenwald«, schallt es aus den Boxen. Keiner singt mit. Der Hampelmann an der Wand guckt mit einem doofen Grinsen in Richtung Tür. Dann ziehe ich unser Urlaubsalbum aus dem Wohnzimmerregal und schaue mir Fotos an, auf denen mein Mann und ich am Ostseestrand stehen. Da hatten wir noch keine Kinder. Dafür genug andere Problemchen. Wie das halt immer so ist. Ich versuche einen Putzservice anzuheuern, aber man sagt mir am Telefon, so einfach ginge das nicht. Also schwinge ich selbst für ein paar Minuten den Besen, unterbreche, weil mir schlecht wird, und lege mich noch mal eine Runde ins Bett. Ich sollte etwas essen, aber zum Kochen habe ich keine Lust. Etwas bestellen? Zu anstrengend. Ich hole mir einen

Eisbeutel, wickele ihn in ein Küchenhandtuch und lege mich damit vor den Fernseher. Sieht so Sehnsucht aus?

Was soll ich mit all der freien Zeit bloß anstellen? Mir fällt schon nichts mehr ein. Was für ein Armutszeugnis, denke ich, aber es ist so. Manchmal glaube ich, diese drei Gestalten, die das Leben mit mir teilen, haben mich gerettet. Vielleicht würden meine Wochenenden sonst immer so aussehen wie jetzt. Ich würde in Katerstimmung vor der Glotze liegen, und von der großen Sause wäre nichts geblieben als ein fader Nachgeschmack. Gut, ich hätte das Schwarze Quadrat vielleicht mit nach Hause genommen, ich hätte am Sonntagmittag mit Leuten darüber diskutiert, in welchem Café wir jetzt bloß brunchen gehen sollen, und dann da den halben Tag vor Kaffee, Schinken und Croissant verbracht. Ab und an hätte das Handy geklingelt, und man hätte noch weitere unverbindliche Verabredungen getroffen, vielleicht eine Galerie besucht. Aber essenziell geändert hätte das auch nichts.

Und ewig grüßt die Familie

Meine Familie ist wieder da. Am Wochenende gehen mein Mann und ich zu einer Lesung mit anschließender Party und fallen gegen zwei Uhr ins Bett. Ein normaler Freitagabend, würde man sagen. Doch schon dreieinhalb Stunden nachdem wir eingeschlafen sind, steht Quinn im Bett und weckt uns lautstark. Leo zieht nach – er ist vom Geschrei auch gleich wach geworden. Nach dem ersten Schrecken dösen wir beide wieder ein. Plötzlich höre ich ein Plätschern, viel zu nah. Aus dem Bad kommt das nicht. Wie von der Tarantel gestochen, springe ich von der Matratze auf, wobei sich ein Legostein in meine Kniescheibe bohrt. Blut quillt hervor. Mit schmerzverzerrtem Gesicht humpele ich in den Flur, aus dem die Geräusche dringen, und ich sehe gerade noch, wie der Große auf einen Haufen Spielzeug uriniert. Der Kleine steckt akribisch Geldstücke in die schmalen Zwischenräume der Klaviertastatur. Stöhnend falle ich wieder ins Bett.

Kurz darauf, wir sind gerade wieder entschlummert, höre ich ein Rummsen. »Was machen die denn da?«, will ich wissen. »Liegen bleiben«, knurrt mein Mann und hält mich an der Schulter fest, als ich aufstehen will. Überredet. »Ist doch egal«, sagt mein Mann, »Hauptsache, sie beschäftigen sich noch ein paar Minuten selbst. Nachher räumen wir auf.« »Ach ja«, seufze ich. Endlich ist mal wieder was los in der Bude. Endlich kann ich mal wieder den lieben langen Tag herumschreien und aus Übermüdung mit meinem Mann streiten. Aber alles ergibt Sinn.

Mein bester Freund und ich   *Thomas*

Gute Freunde zu haben, war mir schon immer lieb und wichtig. Mit dieser Einstellung könnte ich ein Spinner sein. Denn es wirkt auf mich oft, als sei das im Erwachsenenalter den meisten egal. Man schaue sich nur mal um: Wer hat schon Freunde und kümmert sich auch darum, dass das so bleibt? Haus, Auto, Karriere, Sparen auf die Erlebnisreise und sogar der Level beim Computerspiel *World of Warcraft* sind auf einmal bedeutender.

Ich jedenfalls hab schon als Kind am liebsten die Geschichten von *TKKG* und den *Fünf Freunden* gelesen, um dann mit den anderen aus der Straße ebenfalls Banden zu gründen. Zwei Tage lang stritten wir uns darum, wer der Chef der Gruppe ist, dann zerfiel der Haufen wieder und geriet sofort in Vergessenheit.

War das ein grausam hellsichtiges Bild dafür, wie alles wird mit den Kumpels, später im Erwachsenenalter? Das Leben plätschert bekanntlich zunächst einmal so vor sich hin im Zeitalter der ewigen Jugend, da bemerkt man die Probleme noch nicht recht. Wenn aber Kinder ins Spiel kommen, gilt's. Als wäre das Leben mit den Kleinen nicht Aufgabe genug, nein, in dem Moment explodieren auch all die Halbheiten, die man sonst so mit sich herumgeschleift hatte. Erstes Problem: Plötzlich sind alle deine Freunde weg.

Wer braucht schon einen Freund

Es betrifft nicht nur die von mir schon erwähnten Treffen in spätjuvenilen Trinkerrunden, sondern auch deinen Freund, deinen besten Kumpel, den jeder Mann haben sollte und mit dem er sein Leben teilt. Ich habe etwa anderthalb davon und liege damit, wie ich glaube, sogar über dem Durchschnitt, kann mich also nicht beklagen. Bisher jedenfalls. Nur, ein Mann und sein bester Freund – bei diesem Märchen gibt es Probleme, wenn einer von beiden Vater wird.

Es gibt eine psychologische Theorie, dass Frauenfreundschaften »face-to-face« seien, Männerfreundschaften aber »side-by-side«. Das heißt, Frauen gehen aufeinander ein, sie sehen sich gegenseitig an und spiegeln sich in der jeweils anderen. Männer aber gehen eher nebeneinander durchs Leben und sehen andere Dinge dabei an, hübsche Frauen vielleicht oder Punkrock-Konzerte. Männer wenden sich nicht so sehr einander zu, sie machen einfach was zusammen. So weit die Theorie. Probleme gibt es in dem Moment, wenn einer sich ungerecht behandelt fühlt oder überhaupt unzufrieden ist. Denn kein Mann würde zu seinem Kumpel je sagen: »Du bist ein schlechter Freund, du beachtest ja meine Wünsche gar nicht und kümmerst dich überhaupt nicht um mich.« Damit wäre er sofort als weibisch abgestempelt, als Weichei, man wüsste gar nicht, wie man darauf reagieren soll, es gäbe keine sinnvollen Anschlusskommunikationen, um es mal mit dem Soziologen Niklas Luhmann zu sagen, das System der Freundschaft bräche zusammen. Obwohl all das wie ein total bescheuertes Klischee klingt, geht es mir auch so. Ich würde mit einem Freund, auch einem der besten, eher ungern ein ernstes Gespräch »über uns« führen. So etwas ginge irgendwie an der Sache vorbei. Denn man will ja zusammen lustige Dinge erleben, nicht miteinander ein Psychoseminar anfangen.

Kommt Frau, kommt Frust

Deswegen ist man schlecht gewappnet für persönliche Verwerfungen. Die gibt es aber, sie sind sogar vorprogrammiert. Die Probleme mit dem besten Freund fangen nicht erst mit der Familiengründung an, sondern schon wenn er sich verliebt. Frauen passen einfach nicht in eine echte Kumpelbeziehung. Ich weiß, das ist jetzt ein ganz schlimmer Satz. Aber ich schiebe auch gleich nach: Es müsste nicht so sein. Doch man erlebt es immer und immer wieder und hört noch öfter davon. Das ist die miese Basis, von der man ausgehen muss. Manchmal lässt sich trotzdem was draus machen.

Mein Freund Manuel also hat irgendwann eine richtige Beziehung, zieht mit der Freundin zusammen, das volle Programm. Ich sehe ihn daher einige Monate nicht. Und dann besuche ich ihn. Es ist Karneval, er lebt mit seiner Neuen inzwischen bei Köln. So stehe ich also am Freitagabend zum ersten Mal im Leben mit meinem Lieblingskumpel und seiner Neuen in einer Kölschkneipe, im Gedränge der Wahnsinnigen, wie das eben so ist am Rhein. Ich trage eine bunte Perücke und sonst noch ein paar bekloppte Sachen am Körper. Mein erster Karneval und mein Wiedersehen mit meinem alten Freund nach gefühlt langer Zeit – das verspricht eine schöne lange Nacht zu werden. Denke ich mir. Kommt aber nicht ganz hin. Seine Freundin taucht irgendwann neben mir auf, als er wohl gerade Bier holen ist, mit suchendem Blick, und murmelt: »Wo ist Manuel?« Stutzig werde ich erst, als beide nicht wieder auftauchen. Ich rufe ihn nach einer halben Stunde an: Er ist auf dem Nachhauseweg. Mehrmaliges Nachfragen, ob ich richtig höre, ändert nichts daran.

Es ist Karneval, und Durchfeiern ist quasi Zwang, wie man mir sagt. Nun aber, um 23 Uhr, ist mein alter Freund schon wieder mit Frau zu Hause. Sie ist wohl zu ihm hingegangen und hat gesagt,

Trotzdem

ich bin müde, ich fühl mich nicht, und er musste seltsamerweise mit, denn allein gehen wollte sie nicht. Und er ist auch mitgegangen! Er hat nicht gesagt, »geh doch allein, bis später«!

Das sind die eher harten Momente im Leben eines Mannes. Man muss dazu nicht einmal wissen, dass Manuel immer der Letzte war, der auf Partys das Licht ausgemacht hat. Auch nicht, dass er auf dem Heimweg, wenn keiner mehr Energie hatte, manchmal spontan noch eine Privatfeier auftat und so lieb und insistierend mit den Gastgeberinnen flirtete, dass wir mit Umarmung empfangen wurden und dann noch mal zwei Stunden bei völlig Unbekannten weiterfeierten. Ich frage mich: Warum verzieht so ein Mann sich an Karneval noch vor Mitternacht? Warum versteckt er sich plötzlich (und das sollte leider noch oft passieren) hinter der Frau, macht sie zum klassischen Hausdrachen? Was soll der Unsinn, neue Freundin hin oder her? Ich habe es nie erfahren. Wie gesagt, Männer reden nicht so face-to-face miteinander.

Mit meinem Freund Roger habe ich ungefähr zur selben Zeit Folgendes erlebt: Ich sitze mit ihm in der Küche, wir trinken gerade das dritte Weizen, besprechen die Weltlage und reißen Witze, da kommt seine neue Freundin aus dem Schlafzimmer, stellt ihm Latschen hin und sagt: »Du musst ins Bett!« Und er zieht sie an und verschwindet. Ich schwöre, das hab ich mir jetzt nicht ausgedacht. Das ist einfach so grausam, so etwas gäbe meine Phantasie gar nicht her. Männerfreundschaften und die neue Freundin, das verträgt sich nicht gut.

Guck mal, wer da bricht

Jetzt die gute Nachricht: Diverse Jahre und fünf Kinder später (drei bei Freund Manuel, zwei bei meiner Frau und mir) ist alles vergessen und viel besser. Ich schätze seine Frau sehr und seine

Kinder sowieso, ich muss sogar sagen: Ich komme mit ihr mitunter besser klar als mit ihm selbst. Während ich mit Manuel ein Live-Konzert des großen Chick Corea höre, werden seine Kinder zu Hause krank. Seine Frau telefoniert – nicht mit ihm, ihn lässt sie in Ruhe bei seinem Konzert –, sondern mit der Nacht-Hotline des Heilpraktikers. Dabei hat sie das eine Mädchen auf dem Schoß, das genau in dem Moment Durchfall bekommt. Das andere Mädchen steht daneben und übergibt sich. Manuels Frau weiß kaum, wo sie zuerst aufwischen soll. Alle heulen. Aber sie hat das im Griff. Sie berichtet stolz davon, schon am selben Abend, als wir uns spät wiedersehen. Es ist Teil der Erinnerungen der Erziehungsveteranen geworden, eine weitere Leistung, die man vollbracht hat.

Wenn man sich damit abfindet, dass nur ein Bruchteil der gemeinsamen Pläne wahr wird, ist alles nicht mehr ganz so bitter. Manuel und ich wollten immer eine Band zusammen haben, Manuel singt gut und spielt eine stramme Blues-Harp. Nur kann ich mit meinem Freund nichts Aufwendiges mehr machen. Wenn er übers Wochenende bei mir ist, zweimal im Jahr, schaut er, kaum dass er angekommen ist, hektisch auf die Uhr, weil er eigentlich zwei Bundesländer entfernt seine Kinder ins Bett bringen muss. Wir amüsieren uns daher dann eben schneller als früher. Manchmal muss ein Abend reichen. Aber der ist dann meistens auch sehr gut. Es ist also genauso wie im Leben überhaupt: Zwanzig Prozent deiner Träume werden wahr, und eigentlich ist das gar kein schlechter Schnitt.

Wenn Manuel keine Kinder hätte, wären wir längst in der gleichen Stadt – jedenfalls hat er drei Jahre lang davon geredet, dass er hierherziehen werde. Schließlich wollten wir eine Band gründen und einen neuen Elektro-Spaßrock entwickeln, Unsinn reden, Weißwein trinken. Ich glaube, er wollte das alles auch wirklich. Aber nur meine kinderlosen Bekannten sind flexibel und tun einfach das, was sie sich wünschen. Die Väter aber reden plötzlich nur noch von Zwängen, haben Angst vor Freiheit, schieben alles auf den Nachwuchs. Manuel hat sich irgendwann doch eine große Wohnung auf dem Land genommen.

Andererseits wäre es wohl anders nicht gut gegangen: Vaterwerden macht zwar lasch, rettet aber auch vor dem Wahnsinn. Die meisten meiner Freunde wären, wenn sie nicht irgendwann Familien gegründet hätten, längst verbissene Alkoholiker. Die wenigen meiner Freunde, die keine Familien gegründet haben und das Alter dazu auch verpasst haben, sind ziemlich schlecht gelaunt. Denn es gibt eine Sache, die viel blöder ist, als Kinder zu haben, und das ist: keine Kinder zu haben. Wer keine Familie hat, starrt abends zu Hause an die Wand, raucht Kette, trinkt Whisky und spielt zu viel Playstation. Nicht dass Playstation spielen so schlecht wäre. Es macht nur kein Leben her.

Ich glaube einfach weiterhin daran, dass man mit Kindern so leben kann, wie man es bisher wollte. Nur anders und besser. Auch wenn es Rückschläge gibt.

Solo mit Miles und Manuel

Ich selbst habe nichts dagegen, mich auf ein Leben einzustellen, das vor allem innerhalb der Familie stattfindet. Ich liebe meine drei und kann natürlich mit ihnen die meiste Zeit verbringen, das Klavier ist auch nicht weit. Mann könnte notfalls schon ohne Freunde leben, nur müsste sich das ja eigentlich nicht ausschließen. Trotzdem machen es viele Leute so. Ist das der Antagonismus und die Kälte in der Gesellschaft, von denen Adorno spricht? Vielleicht. Womöglich ist die Aufgabe der Kindererziehung auch zu groß, um sie ohne Brüche zu schaffen. Aber vielleicht *scheint* die Aufgabe auch nur so groß, dass man sich selbst vergisst und hintanstellt. Außerdem kommt dazu meine alte These: Die bereits schwelenden Widersprüche im eigenen Dasein zeigen sich plötzlich alle klar und deutlich, und dann kollabiert so manche Lebenslüge. Etwa die, dass man einen Freund hat oder eine Band gründen wollte.

Über solche Fragen denke ich nachts nach, während ich als Einziger aus meiner Familie noch wach liege. An der Zimmerdecke beobachte ich die Lichtmuster, die vorbeifahrende Autos in den schwarzen Raum werfen.

Ich schlafe ein. Auf einer halbdunklen Bühne finde ich mich wieder. Ich schaue mich um und bin entsetzt, Herzklopfen, mein erster Reflex ist: Wie komme ich hier weg? Denn Miles Davis lebt, und infolge irgendeiner irren Laune des Weltgeistes sitze ich hier in seiner Band und soll spielen. Mich packt die Angst. Der Drummer hat schon begonnen, es nützt offenbar nichts, ich muss irgendwie da durch. Der Song hat begonnen. Jeder wartet auf sein Solo. Kalter Schweiß steht auf meiner Stirn, trotz der heißen Scheinwerfer, die uns beleuchten. Plötzlich sehe ich, da hinten, zwischen den anderen Musikern dieser Combo, meinen Freund Manuel stehen. Er grinst. Er lächelt vor sich hin und ist offenbar bestens gelaunt, wirkt so cool, wie ich ihn damals kennengelernt habe. Er befindet sich in der gleiche Lage wie ich, scheint sich aber keine Sorgen darum zu machen. Um seinen Hals hängt eine weinrote, wirklich schöne Fender Strat. Wir spielen eine Nummer, die ich gar nicht kenne, einen ruhigen, lässigen Jazzblues. Manuel ist vor mir dran und er spielt einfach los. Er schlägt zwei volle, lange Töne an, geht dann in ein sauberes Solo über: singend, erdig und nicht scharf. Fast wie sein altes Idol Stevie Ray Vaughan, denke ich, Hut ab! Er hat es richtig angefangen, er hat es fast geschafft, dieser Typ, der ja auch schon drei Kinder hat.

Mit geht's schon viel besser, und ich schaue mich um. Vor mir steht ein großer alter Moog, dessen Holzverkleidung im sparsamen Licht der Strahler sanft schimmert. Ein Synthi-Keyboard, von dem jeder träumt, der so etwas bedienen kann. Das Solo vor mir ist gleich zu Ende, das unsichtbare Publikum applaudiert schon, und nun komme ich. Also durchatmen, und dann spiele ich, und wow, es klappt eigentlich ganz gut. Mit Glück wird niemand merken, dass ich hier nicht sitzen dürfte. Die ersten Töne meines Keyboards klingen warm und voll, eigentlich richtig gut, mein Solo perlt wie von selbst, und es fängt an, mir Spaß zu machen.

Dann wache ich auf. Es ist Nacht, ruhig und dunkel in unserer Wohnung. Neben mir liegt meine Frau und schläft. Von nebenan höre ich das leise Schnorcheln der Kinder. Ich denke an den Traum, und weil der Mensch ein bisschen Kitsch braucht, lege ich mir alles folgendermaßen zurecht: Genauso ist das auch mit der Vaterschaft, der Erziehung und natürlich dem Leben überhaupt. Genauso wie mit diesem Solo in der rätselhaften Band. Man muss es einfach machen, man muss die Regeln selbst finden, und irgendwie wird's schon klappen. Wenn man sich konzentriert, wach bleibt und die Freude an der Sache nicht verliert.

Die Autoren

Foto: © Manuel Krug

Julia Heilmann 1975 in Darmstadt geboren, hat Kunstgeschichte studiert und in einem wissenschaftlichen Verlag gearbeitet. Zuletzt, bevor der Anarchismus in Form zweier Kinder in ihr Leben einkehrte, leitete sie eine Kunstbuchhandlung.

Thomas Lindemann ist 1972 in Pinneberg bei Hamburg zur Welt gekommen. Nach Abschluss seines Psychologiestudiums arbeitete er frei als Journalist für viele Zeitungen und Magazine, von *Spiegel* über *Stern* bis zur *Frankfurter Allgemeinen Sonntagszeitung*. Seit vier Jahren ist er Feuilletonredakteur bei der *Welt*.
Familie Heilmann-Lindemann lebt in Berlin.

Weitere Informationen unter www.kinderkacke-dasbuch.de

Julia Heilmann | Thomas Lindemann
Baby-Beschiss

Für die Kleinen nur das Beste! Doch um welchen Preis? Die schöne neue Warenwelt für Kinder wird immer unübersichtlicher. Aggressiv buhlen Firmen um die jungen Kunden. Nach seinem Bestseller *Kinderkacke* hinterfragt das Autorenpaar das Geschäft mit den überforderten Eltern – und schafft Orientierung im Dickicht der Kinderprodukte.

240 Seiten, Klappenbroschur

| Hoffmann und Campe |

Keiner streitet so schön wie diese beiden

320 Seiten
ISBN 978-3-442-15596-5

»Verheiratete werden sich kaputtlachen.«
Ben Stiller

Überall, wo es Bücher gibt und unter www.goldmann-verlag.de